Herbert von Karajan und die Berliner Philharmoniker – ein Weltklasseorchester und der erfolgreichste Dirigent aller Zeiten, eine schwierige, fruchtbare, einmalige Beziehung in der Geschichte der Musik.
Dieter Blum, der die Philharmoniker sieben Jahre lang auf Konzertreisen um die Welt begleitet hat, legt mit diesem «Bibliophilen Taschenbuch» ein umfassendes Werk über dieses Orchester ab, ein Kompendium aus meisterhaften Fotografien, die das Innenleben dieses Klangkörpers offenbaren, den Alltag der Proben und die Höhepunkte des Musizierens.
Emanuel Eckardt macht in sensiblen Reportagen neugierig auf ein selbstbewußtes Kollektiv und seinen Chefdirigenten. Ergänzt mit einem unterhaltenden Abriß der Geschichte des Orchesters und seiner Dirigenten, mit Gesprächen über Dissonanzen und Harmonien Herbert von Karajans und den Musikern des Orchesters, entstand ein liebevolles, intimes und humorvolles Skizzenbuch voller Anekdoten und Erkenntnissen aus der Werkstatt des großen Klangzauberers.

Dieter Blum · Emanuel Eckardt

DAS ORCHESTER

Herbert von Karajan
und die Berliner Philharmoniker

Harenberg

Die bibliophilen Taschenbücher Nr. 535

Gestalterische Konzeption: Herbert Suhr
Gesamtherstellung: Druckerei Hitzegrad, Dortmund
Printed in Germany

Inhalt

Warum dieses Buch?

Warum dieses Buch? Weil Herbert von Karajan die Idee hatte, daß ein Fotograf das Orchester begleiten solle? Weil diesem Fotografen die Anregung zur Passion geworden ist, der er sich jahrelang hingab? Sicher auch deshalb.

Sieben Jahre haben die Musiker den Fotografen in ihrer Nähe geduldet. Sie haben sich daran gewöhnt, daß das Motorengeräusch seiner Kamera auch mal mezzoforte und nicht sehr melodisch den seidigen Klang der Geigen störte, sie haben akzeptiert, daß hin und wieder zur falschen Zeit das Licht im Saal erstrahlte, oder daß die Kamera – ohne Fotograf – drohend über ihren Köpfen hing, wo sie mit Infrarotsignalen ausgelöst wurde. Sie haben den neugierigen Reisebegleiter auf ihren Gastspielen in Luzern und Oxford, Salzburg, Paris und London, New York und Pasadena wie ihren Schatten ertragen. Und als sich dann, auf der Reise nach Tokio und später immer wieder in Berlin, zum Fotografen ein Schreiber gesellte, der durch neugierige Fragen ihre Angelegenheiten zu seinen machte, da haben sie in freundschaftlicher, fast familiärer Geduld unsere Nachstellungen hingenommen und dieses Buch zu dem werden lassen, was es ist: Ein Skizzenbuch philharmonischen Alltags, der Innenwelt eines Orchesters.

Warum dieses Buch? Weil es die Mühe lohnte, den Glorienschein der Berliner Philharmoniker zu durchdringen, und den Schweiß und die Anstrengung, aber auch die Hingabe und die Leidenschaft zu beschreiben, die ihn zum Strahlen bringt. Weil es lohnte zu fragen, wie Herbert von Karajan seinen Klangkörper regiert, welche Macht und welchen Zauber er ausübt, um ein so selbstbewußtes und sicher auch schwieriges Kollektiv wie das Berliner Philharmonische Orchester bis zur Selbstverleugnung mitzureißen.

Weil es lohnte, den Grenzverlauf zwischen Dienst und Kunst, Unterwerfung und Aufbegehren zu erforschen und zu erkennen, wie am Ende, Abend für Abend, all diese Konflikte zu einem Klang verschmelzen, der seinesgleichen sucht. Hätten wir deshalb verschweigen sollen, daß philharmonischer Alltag kein harmonischer Alltag ist? Daß er Wut und Frust mit sich bringt, Konflikte mit dem Chefdirigenten, Ärger und Streit mit dem Intendanten? Wir haben dem Orchester viel zu verdanken. Wir haben vor allem Herbert von Karajan zu danken für vier ausführliche Interviews, und die – in seinem besonderen Fall bemerkenswerte – Engelsgeduld, mit der er das Zustandekommen der Bilder dieses Bandes ermöglichte.

Warum dieses Buch? Weil uns in unserer beruflichen Laufbahn noch nie etwas so viel Spaß gemacht hat. Weil es eine Freude war, dieses Orchester zu begleiten, und weil uns die aberwitzige Idee nicht losließ, daß es doch möglich sein müßte, Musik in Druckerschwärze zu verwandeln. Oder Druckerschwärze in Musik. Ein verrückter Gedanke, das war uns bewußt.

Dieter Blum/Emanuel Eckardt

Paul Hümpel hat lange gewartet. Bei Beethoven und Brahms gibt es für die Tuba nicht viel zu tun. Endlich kommt Tschaikowsky dran, da spielt er sich warm auf der «kleinen» F-Tuba. Die dickere Baß-Version liegt schon reisefertig im Instrumentenkoffer.

Vor jedem Konzert werden die Stühle von den Orchesterwarten sorgfältig ausgerichtet und die «Stimmen» auf die Notenpulte gelegt. Nach dem Konzert steht kaum noch ein Stuhl an seinem vorgesehenen Platz.

Fünf Minuten vor Brahms. Die Cellisten stimmen ihre Instrumente und prüfen, ob der Bogen die richtige Spannung hat. In diesem vielstimmigen Durcheinander müssen die Musiker sich ganz auf ihr eigenes Instrument konzentrieren. Das ist nicht immer

einfach, aber ein eigenes «Stimmzimmer» steht nur den Konzertmeistern zu.

Manfred Preis, seit 1982 Mitglied des Berliner Philharmonischen Orchesters, lotet die Tiefe aus. Das Gesicht des Baßklarinettisten spiegelt Konzentration und Anspannung.

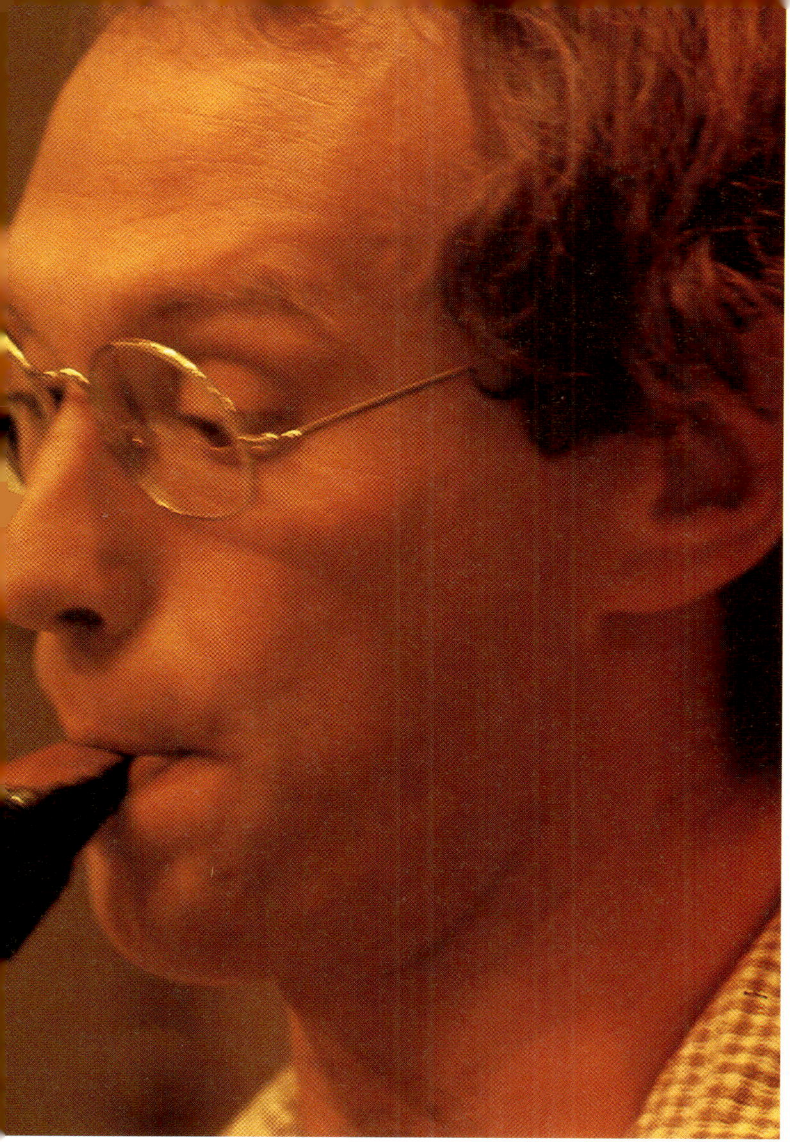

Leon Spierer, einer der drei ersten Konzertmeister, spielt sich ein im leeren Ambassador College von Pasadena. Zwei Sekunden Nachhall, wie daheim in der Philharmonie, wären ideal. Aber in den meisten Konzerthallen der Welt versickert der Streicherklang.

Karl-Heinz Duse-Utesch, lange Jahre Solo-Posaunist, spielt sein Instrument warm.

Aber dann kommt es vor, bei Brahms zum Beispiel, daß er drei Sätze lang wartet, bis er dran ist. Hinten auf dem Podium zieht es wie Hechtsuppe, und das Instrument darf

nicht kalt werden, weil
sonst der Ton brechen
kann.

Der Geiger Hellmut Stern sitzt an der Celesta und macht mit dem Bleistift Zeichen in die Partitur der «Alpensinfonie» von Richard Strauss. Das schwierige Stück, von manchen Kritikern als «Schmachtfetzen» verunglimpft, ist wahrscheinlich noch nie mit

solchem Ernst zerlegt, geprobt und «auf Klang gestellt» worden, wie in der Einstudierung der Berliner Philharmoniker unter Herbert von Karajan.

Rolf Ranke zieht eine neue Saite auf seinen Kontrabaß. Musik ist Form, und die Bässe sind ihr Fundament. Nicht nur unter Fachleuten ist der Ruf der Baßgruppe als Weltklasseensemble unbestritten.

Zu den beruflichen Aussichten eines Philharmonikers gehört auch der kahler werdende Kopf seines Vordermannes, denn ein Platz in diesem Orchester ist eine Lebensstellung, die viele von ihnen bis an die Pensionsgrenze einnehmen. Im Verlauf so eines Musikerlebens

werden viele Symphonien und Orchesterstükke achtzig- bis hundertmal gespielt, und in der «Stimme» hinterlassen Hunderte von Proben ihre Bleistiftspuren.

Wie «trocken» ist der Saal? Martin Fischer, schon in Frack und Fliege, prüft den Nachhall seiner Viola im Raum.

Wenn das Konzert beginnt, können sich die Orchesterwarte hinter den schallschluckenden Wänden in aller Ruhe dem Schachspiel widmen. Hans Czeslick, Heinz Bartlog und Wolfgang Ringer überwachen Transport, sachgerechte Lagerung der Instrumente und der

Noten, «möblieren» das Podium, stellen Bässe, Harfe, Schlagzeug und Konzertflügel an den rechten Platz und genießen bei ihren Schützlingen freundschaftlichen Respekt.

Berlin, Festkonzert zum 100. Geburtstag der Berliner Philharmoniker, ein Anlaß für die «Eroica», Ludwig van Beethovens Symphonie Nr. 3, hier Sekunden nach dem Verklingen des ersten Satzes. Ein großer Abend, an dem das Orchester über sich selbst hinauswächst.

Der Chef nimmt es
ergriffen zur Kenntnis.

Immer dieser Luftzug! Fritz Helmis stimmt seine Harfe neu. Im traditionellen Männerbund der Berliner Philharmoniker geriet die Harfe 100 Jahre lang nur aushilfsweise oder in doppelter Besetzung in weibliche Hände.

Spiel ohne Grenzen – Mit den Berliner Philharmonikern in Tokio

Was machen die eigentlich mit mir? Sie erzeugen Schwingungen, die an mein Ohr dringen, die mein Trommelfell weiterleitet an Hammer, Amboß und Steigbügel. Der sorgt dafür, daß die Schwingungen sich auf das Gehörwasser übertragen, dessen feines Schwappen und Zittern sie endlich dem Gehörnerv als Sinnesreize übermittelt. Die Schläfenlappen in meinem Großhirn machen mir die Klangempfindung bewußt. Nun gut, das gleiche bewirken auch der Straßenlärm und das Telefon, zigmal am Tag.

Aber dann geschieht mir folgendes: Schauer rieseln über meine Wirbelsäule. Nach einer Weile spüre ich den salzigen Geschmack des dünnen Tränenstroms, der, am Bart vorbeirinnend, den Mundwinkel erreicht. Gänsehaut überzieht die Hände.

Was die mit mir machen? Die verfügen über mich. Die wühlen mich auf, graben mich um: Ein alter Mann, ein junges Mädchen mit einem Stück Holz in der Hand und 115 Männer im Frack, die Berliner Philharmoniker.

Sie sind einer der schönsten Klangkörper der Gegenwart, sagt der Mann neben mir, und ich muß mich auf das Urteil von Professor Joachim Kaiser verlassen, der viele Orchester kennt und der auch schnauft und sich die Nase reibt, obwohl er der Kaiser der deutschen Musikkritiker ist (das Wort Papst mag er nicht, hat er mir anvertraut).

Ich bin froh, daß ich kein Kritiker bin, denn dann müßte ich versuchen, diese Musik mit Worten einzuzäunen, ich müßte versuchen zu beschreiben, wie dieses Orchester klingt, wenn es die fünfte Symphonie von Beethoven spielt. Ich würde vielleicht irgendwann das Wort Glanz verwenden und an anderer Stelle Zartheit.

Und das Spiel der Anne-Sophie Mutter, die Art, wie sie ihrer Stradivari das Violinkonzert von Beethoven entlockt, würde ich schwerelos nennen, glücklich, leicht wie ein Duft. Ich wäre ärgerlich darüber, daß das Wort perlend schon von anderen für andere gefunden wurde, daß man «himmlisch» wirklich nicht mehr schreiben kann. Die Sprache, meine paar Worte wären viel zu verbraucht, um etwas so Unverbrauchtes wie diesen Geigenton zu schildern.

Ich würde natürlich auch und vor allem über Karajan etwas formulieren wollen. Zauber fiele mir ein. Und daß seine Bewegungen etwas Schenkendes haben und etwas Schöpfendes, aber nichts Dirigierendes. Zartheit fiele mir wieder ein, aber auch Kraft; jedoch Kraft, die zerbrechlich ist.

Ich glaube, es geht allen so, die ihn hier in Tokio erleben. Sie sehen, daß dieser Mann alt ist. Sie haben gesehen, wie er auf dem Weg zum Pult seinem Schritt kein Versagen gestattet, sie fühlen seine Ungeduld.

Aber dann scheint er auf dem Klang zu fliegen, scheint von ihm getragen zu werden. Kaum merklich zügelt er die Musik, behutsam hält er die Organisation in der Hand, treibt sie voran. Er hat die Macht. Nur, wie übt er sie aus? Mit den Augen? Mit den Händen, deren Bewegungen sich nicht begreifen lassen, die keinen Taktstock brauchen, die nur ein Atmen andeuten?

Ich frage die Philharmoniker aus. 16 Tage bin ich in Tokio mit ihnen zusammmen. Ich höre ihnen bei den Proben zu. Wir sitzen zusammen im Bus, der sie jeden Tag vom Hotel zum Konzertsaal fährt, morgens zur Probe, abends zum Konzert und dann wieder zurück. Wir frühstücken zusammen. Wir sitzen im Hotelzimmer und schauen uns die nächtlichen Fernsehübertragungen der Konzerte an. Sie spielen mir vor. Ich erlebe sie nervös und gelöst, wütend und angeheitert, gespannt und befreit. Sie geben bereitwillig Auskunft. Und die Antworten, die ich auf meine Fragen bekomme, machen mich ratlos.

Mit dem Chef ist es schwierig, sagen sie. Sie sagen, daß sie ihn verehren, aber daß er nicht wahrhaben will, wie sie sich für ihn zerreißen würden. Bei den Proben, da wühlt er in der Musik, sagen sie, da tut er so, als ob sie die Stücke nicht kennen, was nicht wahr ist, denn sie kennen das meiste in- und auswendig. Der probt nur, um es immer wieder zu hören, weil es so schön ist. Früher hat er überhaupt nicht geprobt. Da hat er sie einfach spielen lassen.

Keine Frage, sagen sie, er ist der größte aller Dirigenten, weil er weiß, was er mit ihnen machen kann. Und wenn er mal schleppt, und der Hornist macht das nicht mit, dann ist es auch gut. Genial ist er, der Chef, da gibt es nichts. Er zeigt ihnen, wie sie atmen müssen. Er läßt sie große Bögen spielen. Er läßt ihnen die Freude.

Die Urteile klingen so widersprüchlich, ein dissonantes Furioso, wie es vor dem Konzert im Stimmzimmer heranwächst, wenn die Bläser sich warmspielen und die Streicher andere Saiten aufziehen, wenn die Tuba noch ein bißchen brummig ist und die Holzbläser nicht die Klappe halten. Da machen sie sich Luft, jeder für sich, jeder auf seine Weise, un poco capriccioso. Und die Bässe sind sowieso kontra.

Wenn das Fernsehen dabei ist, dann darf man ihn gar nicht ansehen. Wenn man hinsieht, erzählen sie, kommt man raus. Da macht er beim Dirigieren die Augen auf und versucht, Männchen zu machen. Aber dann, als das Fernsehen endlich weg war und er die Augen wieder zumachen konnte, da war er groß. Die zweite und die vierte Brahms. So gut waren sie noch nie.

Ja, das räumen sie ein, ein Dirigent hat eine Allmacht über seine Untergebenen, wie es sie anderswo seit 150 Jahren nicht mehr gibt. Er kennt seine Macht und gebraucht sie. Er unterwirft sich niemandem, außer Wagner und Beethoven, Bruckner und Richard Strauss.

Nach dem Konzert hebt der Gefangenenchor noch einmal die Stimme. Fidelio ist das nicht. Götterdämmerung schon eher.

Das einzige, was sie zusammenhält, sagt eine Violine, ist die Angst vor dem Chef. Einsätze gibt er nicht. Sie geben sich die Einsätze selbst: Sie wissen, wann sie aufpassen müssen und wo es von selber läuft.

Wozu sie dann einen Dirigenten brauchen, frage ich. Das fragen sie sich auch. Die Leute wollen den Götzen, sagen sie.

Vor mir gähnen Abgründe, die Wolfsschlucht eines modernen Konzerns, Karajan & Co. Sein Name macht Schallplatten zu Erfolgen und Tourneen zu Triumphmärschen. Sie spielen auf. Er spielt ein. Er ist der Branchenführer, dem sie bereitwillig folgen, weil es sich auch lohnt. Seine Macht reicht in diesem Wirtschaftsunternehmen mit seinem komplizierten System aus Sonderzahlungen, Nebenrechten und Gewinnbeteiligungen bis in die Stellen hinter dem Komma.

Eine Firma, mit Dominanten und Subdominanten, in welcher der Chef das Tausendfache von dem bekommt, was seine Angestellten verdienen. Und die verdienen nicht schlecht, egal ob in der Zweigfirma «Berliner Philharmoniker», welche die Schallplatten produziert, oder bei der Konzernmutter, dem «Berliner Philharmonischen Orchester». Dort arbeiten dieselben Leute, aber als Angestellte des Landes Berlin, im öffentlichen Dienst also, besoldet wie Ministerialräte, 7000 netto plus Altersversorgung. Eine Behörde für Tonkunst, mit einem Intendanten als Amtsleiter.

Der bekommt allerhand zu hören vom Orchester. Denn er engagiert Dirigenten und Solisten, er stellt die Dienstpläne auf, er entscheidet, was die Philharmoniker zu spielen haben, wenn sie nicht von Karajan selbst dirigiert werden. Auch der Intendant übt Macht aus, mehr als nur Verwaltungsmacht, ein schwieriger Part, halb Nußknacker-Suite, halb Doppelfuge, un poco maestoso. Dieses Orchester ist ein mörderisches Kollektiv. Das sagte ein Intendant, der nach einer tragischen Ouvertüre, dem Versuch, gemeinsam mit dem Chefdirigenten dem Orchester die Soloklarinettistin Sabine Meyer in die Mitte zu setzen, scheiterte und nach unüberhörbaren Dissonanzen den Hut nehmen mußte.

Die Berliner Philharmoniker sind nicht nur Firma und Behörde, sie sind auch eine Orchester-Republik. Sie haben sich vor 32 Jahren Herbert von Karajan zum Chefdirigenten erwählt und nicht umgekehrt. Sie allein bestimmen auch, wer Mitglied des Orchesters werden darf.

Das geschieht in offener Abstimmung. Auch Damen sind zum Vorspiel zugelassen, die Herren lassen bitten. Es geht bei dieser Entscheidung um Qualität, sagen sie.

Aber selten genug geschieht es, daß eine Frau den Mut hat, diesem Orchester vorzuspielen, selten genug geschieht es, daß ein junger Musiker für ein Probejahr aufgenommen wird. Nach dem Probejahr wird wieder abgestimmt. Diese zweite Abstimmung ist geheim. Der Jährling braucht eine Zweidrittelmehrheit – dann sitzt er an seinem Pult bis zur Pensionsgrenze.

Was sie gegen Frauen haben, frage ich die Berliner Philharmoniker. Gar nichts, sagen sie. Aber was ist, wenn sie Mutterschaft in Anspruch nehmen, weil sie Kinder kriegen? Dann müssen ihre Kollegen ihren Dienst mitmachen. Eine Frau im Frack, wie sieht das denn aus? Und auf den Reisen, das stiftet nur Unruhe, das kennt man doch. Dann kriegen die im Hotel natürlich zuerst ihre Zimmer, dann tragen die Herren ihre Koffer, dann ist die Demokratie dahin. Am Ende wollen die auch noch dirigieren!

Wie Musik entsteht, erlebe ich in den Proben. Sie proben jetzt nicht mehr Beethoven oder Brahms. Was sie hier in Tokio spielen, sitzt sowieso, ist Repertoire, gehört zu den 50 Konzertprogrammen, die sie jederzeit ohne Probe spielen könnten, wie Herbert von Karajan erzählt. Wozu dann überhaupt noch Proben?

Schau'n Sie, das ist wie beim Ballett, sagt der Maestro. Kein Tänzer liebt es, wenn er vor einer Probe oder Aufführung an die Stange muß, um sich weich zu machen. Aber ohne das geht es nicht. Musikalische Leistung, alle künstlerische Leistung ist immer ein Sieg über die menschliche Trägheit.

Wie er in der Probe dasitzt, souverän zurückgelehnt auf seinem Hochstuhl, die Partitur der Alpensymphonie von Richard Strauss zur Rechten, in der Hand den weißen Taktstock, das ist ein anderer Karajan als im Konzert. Jünger, härter. Aber auch herrisch und böse.

Wenn Sie das nicht können, schnarrt er zu den Bässen herüber, dann hören Sie auf damit, und stören Sie nicht die anderen. – Das nenne ich piano!

Als das Orchester dann wieder ansetzt, sich einspielt, den großen Atem zu haben scheint, knallt der Stock dazwischen. Die Geigen ersterben, eine quietscht noch wie ein bremsendes Auto, ein Kontrabaß blubbert, als fiele eine Schweinsblase die Treppe herunter, ein Horn furzt.

Das Orchester haßt diese Unterbrechungen. Die schnarrende, gnadenlose Stimme, die immer alles schon zum tausendsten Male erklärt hat.

Das ist kein Piano, was Sie da spielen, sondern Mezzoforte! Wie oft soll ich es denn noch sagen! Sie spielen Eh – gette – rem – gette – rem! Aber ich will ein Ah – ramma – dam – ramma – dam.

Das ist bogentechnisch sehr schwierig, sagt der Erste Konzertmeister.

Noch mal, sagt Karajan nur, und nehmen Sie oben etwas mehr Luft, schnarrt er zu den Bläsern.

Geht nicht, sagt einer.

Geht nicht, gibt es nicht, sagt Herbert von Karajan.

Weiter klimmt die Symphonie die Alpen hinauf.

Nicht so viel, laßt es einfach traben, di – dididi – hipp, singt Karajan dazwischen.

Unterbrechung. Erklärung.

Sie! Gucken Sie nicht dauernd in die Noten! Da werden Sie nicht finden, was Sie suchen! Weiter, zehn vor sechs!

Zehn Takte vor Ziffer sechs also. Das Orchester ist sofort da, braucht keine Sekunde, um diese Stelle zu finden, und setzt mit aller Kraft ein, als gäbe es an so einem Vormittag keinen Ärger, keine Frustration, keine Enttäuschung, keine Wut.

Im Bus sitzen die Musiker dann wie eine Schulklasse nach einer Mathearbeit, heiter die einen, andere erschöpft.

Wir waren noch nie in Rom, sagt einer. Warum fahren sie eigentlich immer wieder nach Japan? 290 Mark die Karte, das ist doch nicht mehr in Ordnung. Seit ewigen Zeiten sind sie nicht mehr durch Deutschland gereist. Da kriegt Karajan auch nicht 100 000 pro Abend, sagt ein anderer.

Das ist die Zahl, die 16 Tage lang in ihren Köpfen spukt. Tatsächlich sind es 35 000 Schweizer Franken. In Deutschland kann das Orchester auch nicht für eine Whiskyfirma spielen, für Parfüm geigen und Kamerawerbung im Fernsehen machen, wie es in Tokio geschieht.

Karajan läßt sich nur von links filmen und fotografieren. Das liegt daran, daß er in 26 Jahren von rechts zuviel mitbekommen hat, sagen sie, da sitzen die Bässe. Die beste Baßgruppe der Welt, aber ungemütlich.

Drücken Sie nie einem Baß die Hand, sagt Herbert von Karajan nach einer Probe zu mir, er kann sie Ihnen zu Mus quetschen. Schau'n Sie, das menschliche Ohr ist in der Lage, 19 Töne in der Sekunde zu hören. Aber ein Baß, der kann 19 Töne in der Sekunde spielen! Und jeder Ton wird durch einen Fingerdruck erzeugt, der einen Widerstand von zwei Kilo überwindet.

Musik ist Form, sagt ein Kontrabaß an der Hotelbar. Die Bässe sind das Fundament dieser Form. Musik kommt von unten. Die Bässe müssen in einem Akkord immer zuerst da sein. Wenn die Flöte zuerst käme, das wäre nicht wieder gutzumachen. Die Bässe spielen tief und sitzen hoch.

Die Holzbläser sitzen schlecht, hinter ihnen protzt das schwere Blech und schmettern die Trompeten, da ist manchmal der eigene Ton kaum zu hören. Doch wenn der Pauker erst loslegt, sagen die Geigen, dann gute Nacht, ein Forte-Schlag – und ihr ganzer Klang ist im Eimer!

Was für eine Harmonie in diesem Männerbund! Da gibt es Erbfeinde, die grußlos aneinander vorbeigehen, Intellektuelle, die jede Partitur wie eine Doktorarbeit hinterfragen, immerhin zehn von ihnen tragen einen Professoren-Titel. Und da gibt es Gemütsmenschen, die mit dem Herzen spielen und mit dem Bauch denken. Da gibt es einen anerkannten Biologen, ein Wurm ist nach ihm benannt, ein anderer malt abstrakt und trotzdem mit Erfolg, zwei komponieren, einer ist Fotograf. Einer liest «Konkret», ein anderer die «Nationalzeitung», und einige spielen lieber Tennis als Penderecki.

Dieses Orchester ist ein Spiegel der Gesellschaft, mit einer scharfen Demarkationslinie allerdings. Die trennt nicht links und rechts oder jung und alt, sondern Holz und Blech; sie trennt Streicher und Bläser.

Musiker müssen mit 20 Jahren fertig sein, sagen sie. Als Streicher haben sie dann schon 14 Jahre gespielt, da besteht die ganze Kindheit aus einem Stück Holz und einem störrischen Bogen. Aber die Bläser, die brauchen nur fünf Jahre, um ihr Instrument zu beherrschen. Sie sind intellektuell überhaupt nicht gefordert, behaupten die Streicher, aber in den meisten Kompositionen, da sind die Bläser die großen Solisten, während die Streicher im Tutti untergehen.

Die ersten und zweiten Violinen haben oft einen klagenden Ton. Bloß weil sie dem Dirigenten am nächsten sitzen, glaubt der, sie seien zu laut. Immer läßt er die Bläser kommen, klagen sie. In Berlin in der Philharmonie, da brauchen die Bläser nur Luft zu holen, und die Streicher sind im Eimer.

Tatsächlich sind die Geigen alles andere als leise. Das kann sich keiner vorstellen, hört man von ihnen, was für ein Geräuschpegel da aus dem F-Loch kommt. Sie haben alle Probleme mit dem linken Ohr. Hörsturz, Mittelohrentzündung, nicht ausgeheilte Tubenkatarrhe. Einige hören nur noch rechts.

Im Alter kommt dann das Bogenzittern. Da bleibt der Bogen nicht sicher auf der Saite liegen, da gibt es Lücken im Strich. Niemand ist davor sicher. Menuhin hat das auch.

Die Bläser zittern auch – um ihre Zähne. Ein Solotrompeter kann keine hohen Töne mehr blasen, wenn die Zähne wakkeln. Viele Bläser haben eine elektrische Munddusche mitgenommen. Die Solo-Posaune ist schon 51, die Zähne sind noch in Ordnung, Gott sei Dank.

Zwei Ärzte reisen mit. Sie haben gut zu tun. Verletzungen beim Joggen und in der Sauna, Grippe, ein Herzinfarkt. Der Geiger muß nach Hause geflogen werden. Die Piccoloflöte hat Zahnweh und eine schmerzhafte Zahnfleischentzündung, ausgerechnet jetzt.

Dabei sehen die aus, als ob sie

nichts umpustet. Die Hörner sind das sächsische Element im Orchester, das August den Starken anklingen läßt. Wenn ein Hornist kiekst oder, statt leise zu spielen, nur heiße Luft aus seinem Sturz bläst, dann darf es kein Streicher wagen, auch nur den Kopf zu drehen. Wer sich mit dem Blech anlegt, wird rasiert, sagt ein Hornist. Streicher dürfen sich nur umdrehen, wenn ein Bläser besonders schön spielt, das ist erlaubt.

Sind die Hörner krank, ist das Orchester krank, sagen die Hörner. Wenn sie guter Laune sind, reden sie gern über Politik: Warum ist in der DDR das Klopapier so rauh? fragt ein Ventilhorn, scherzo. Die Antwort: Damit auch der letzte Arsch rot wird.

Und wer war der erste Musiker? fragt der Tubist. – Vater unser, der Tubist im Himmel.

Die Tuba hat nichts zu tun beim Beethoven und kaum etwas bei Brahms. Erst bei Tschaikowsky ist sie dran. Nervt, das Warten.

Der Schlagzeuger wartet auch. Immer wenn sie an seinem Hotelzimmer vorbeigehen, hören sie ihn auf der extra leisen Gummitrommel üben. Der wartet auf den Bolero. Dam da da da dam dam, tönt es aus Zimmer 340. In Zimmer 438 übt ein Hornist, so leise, wie es nur die Hornisten der Berliner Philharmoniker können – und trotzdem zu laut. Ein Zimmernachbar beschwert sich an der Rezeption.

In Zimmer 534 ist es still. Da schneidet der Fagottist in aller Ruhe ein paar Scheiben von seiner Dauerwurst, die er aus Berlin mitgebracht hat. Er verträgt die japanische Küche nicht.

In Zimmer 308 schnitzt der Oboist mit dem Rasiermesser seine Mundstücke aus Rohrholz zurecht, die er in einer mit Samt ausgelegten Schachtel aufbewahrt. Wir können ein Forte entwickeln, das mit den Streichern fertig wird, sagt der Oboist.

Und wozu ist das Zigarettenpapier, frage ich? Das hat jeder Oboist in seinem Kasten, für den Fall, daß das Kondenswasser verwirbelt und in eine Klappe läuft. Das gibt dann einen blubbernden Ton. Das Papierchen saugt die Spucke ab.

Das Wasser macht allen Bläsern zu schaffen. Es sammelt sich schon in den Instrumenten, wenn die ein bißchen zu kalt sind. Deshalb tragen sie die Oboen und Klarinetten unter der Jacke in den Konzertsaal, und der Posaunist wärmt sein Instrument unter der Achsel.

Ich suche nach Gemeinsamkeiten in diesem Orchester, nach einem Punkt, in dem sich alle einig sind. Sind die Berliner nun die Weltmeister? frage ich. Zögern. Nun ja, in manchem schon. Die Wiener Philharmoniker haben vielleicht mehr Glanz, mehr Schmelz, aber deren Oboe ist doch unterbelichtet mit ihrem Zwirnsfadenton. Es gibt auch Orchester, geben sie zu, in denen das Pizzicato besser ist. Aber sie, die Berliner, haben den größten Wumm.

Sie sind vielleicht nicht das beste Mozart-Orchester, sagen sie, und ihren Bach, den spielen sie so wie ihren Brahms. Aber den spielen sie besser als alle anderen. Und wenn Karajan Bruckner macht, sagen sie, da tut sich der Himmel auf.

Phantastisch! sagt Herbert von Karajan, wie sensitiv es reagiert! Es ist das beste der Welt, da gibt es keine Frage, das sagen alle.

Herbert von Karajan meint diesmal nicht das Berliner Philharmonische Orchester, sondern ein Flugzeug, die Boeing 747. Ich sitze hinter ihm im Flugsimulator der Japan-Air-Lines, dem Nachbau eines Jumbo-Cockpits, in dem Piloten ausgebildet werden. Der Dirigent, der immer noch seinen Lear-jet selber fliegt, steuert das Riesenflugzeug trotz Seitenwind sicher auf die Landebahn des Flughafens Narita, die als täuschend echtes Computerbild vor dem Fenster erscheint. Er landet weich, eine Idee zu weich, das Flugzeug setzt zweimal auf, einem Geiger dürfte das nicht passieren. Der Chefpilot der Japan-Air-Lines sagt, daß er Karajan nach 14 Stunden den Schein für Großflugzeuge geben würde.

Ist so ein Flugzeug wie ein Orchester? frage ich den Dirigenten. Schauen Sie, sagt Herbert von Karajan, das ist das Geheimnis: Daß er im entscheidenden Moment aus 115 Menschen eine Person machen kann; so etwas braucht seine Zeit. Er hat diese Zeit gehabt. Das ist für ihn das Ergebnis von 32 Jahren Arbeit und sehr viel Liebe. Aber es bleibt ein Wunder, sagt Herbert von Karajan.

Tourneealltag: Vor der täglichen Probe spielen die Trompeter Georg Hilser, Martin Kretzer, Konradin Groth und Robert Platt ihre Instrumente warm.

Wenn die musikalischen Botschafter Berlins zu einer Weltreise abheben, nehmen manche ihre Frauen oder Familienangehörige mit. Manchmal muß die Reisegesellschaft auf mehrere Flüge verteilt werden. Als verantwortungsvolle Musiker müssen vor allem Bläser darauf

achten, daß ihre Mundschleimhäute nicht trokken werden. Mitreisenden Passagieren sei empfohlen, rechtzeitig den Rotwein zu ordern, ehe der Klangkörper ihn schluckt.

Nachtflug Tokio–Frankfurt. Die Passagiere der Boeing 747 dämmern gen Sonnenaufgang. Da zerreißt ein ohrenbetäubendes Trompetensignal die Stille. Prof. Oswald Vogler, von Amts wegen Pauker, versucht ein Geburtstagsständchen zu spielen, Horst

Eichler setzt zum Zusammenspiel an und rechts im Bild wölbt sich der Resonanzkörper von Solo-Fagottist Günter Piesk.

Kammermusik im Luxushotel. Wenn die Berliner Philharmoniker ihren Mittagsschlaf hinter sich haben, greifen die meisten von ihnen zum Instrument, üben Tonleitern, spielen sich warm. An der Rezeption des «Okura»-Hotels in Tokio beschweren sich Gäste. Björn Borg,

der Tennisspieler,
verlangt vom Portier:
«Stop the fucking horn-
player!»

Der Kaiser der Tonkunst hält Hof. Zum Empfang des «Tokio Broadcasting System» und der Whisky-Firma «Santory», diesmal die Sponsoren der Japan-Tournee des Berliner Philharmonischen Orchesters, ist auch die Presse geladen. Das Wetterleuchten der

Blitzlichter gehört zum Mythos Karajan. Der Mensch Karajan kann Fotografien nicht ausstehen, die er nicht selber auswählen durfte.

Die Stunde des großen Fracksausens. Tokio, noch 40 Minuten bis zum Auftakt. Zum Tournee-Alltag gehört der schnelle Kleiderwechsel zwischen den Frackkoffern. Erst wenn die weiße Fliege richtig sitzt, werden die Instrumente gestimmt. Auch erfahrene Musiker

sind in dieser Situation nicht frei von Lampenfieber.

Hätte jeder der 115 Musiker des Berliner Philharmonischen Orchesters in Japan nur einen Freund, einen Bekannten oder nur einen Schüler – es gäbe schon ein Gedränge in den Fluren des «Bunka kaikan», in denen die Philharmoniker sich zur kurzen Pause zurück-

ziehen. Aber nach neun Japanreisen und zahlreichen privaten Tourneen der Kammermusikvereinigungen lassen sich die Freunde des Orchesters nicht mehr zählen. Millionen hören und Hunderttausende studieren in Japan die Musik des Abendlandes.

Probenfreier Tag in Tokio, endlich die Gelegenheit zum Stadtbummel. Ein Streicher-Quintett hat sich spontan zum Kauf von Souvenirs entschlossen. Emil Maas, Heinz Ortleb, Prof. Thomas Brandis, Alessandro Cappone und Hanns-Joachim Westphal tragen ihre

Geigen immer bei sich.
Sie würden sie nicht
einmal einer Bank
anvertrauen.

Zwischenlandung in Anchorage. Prof. Michel Schwalbé, der Erste Konzertmeister, überlegt, ob er für ein paar Dollar Reiseandenken kaufen soll. In der rechten Hand trägt er eine halbe Million, seine kostbare Stradivari-Violine, eine Leihgabe des Verlegers

Axel Springer, die der
Musiker nicht aus den
Augen läßt.

Im New Yorker Metropolitan Museum betrachten Bassist Rudolf Watzel und Bratscher Siegbert Ueberschaer die Stradivari-Violine, die dort in der musikhistorischen Abteilung hinter Panzerglas gezeigt wird, ein Frevel in den Augen eines jeden Musikers.

Denn eine Geige soll
klingen und nicht
hängen.

Der Cellist Rudolf Weinsheimer übt in Japan das Amt eines der beiden gewählten Orchestervorstände aus und ist ganz in seinem Element. Im Hotelzimmer ist er damit befaßt, gleichzeitig die neue Bespannung seines Bogens auszuprobieren, die Platzwünsche der

Kollegen für den Rückflug auf Zetteln zu notieren, dem deutschen Konsul am Telefon zwei Freikarten zu versprechen und für den nächsten Tag den Probenplan zu schreiben, damit die Musiker ihn rechtzeitig in ihrem Fach finden.

Der Solo-Trompeter Konradin Groth weiß nicht, wie oft sein Instrument schon geflickt werden mußte. Gemeinsam mit seinem Vater, Dr. Klaus Groth, der als Arzt das Orchester begleitet, besucht er die Reparatur-Werkstatt des Gemischtkonzerns

«Yamaha», der nicht nur Motorräder und elektrische Gitarren, sondern auch Konzertflügel und Trompeten produziert. Aber hier bekommt er auch noch in solider Handarbeit Silberflicken auf sein abgegriffenes Instrument.

Wo immer die Berliner Philharmoniker auf Reisen gastieren, treffen sie auf lerneifrige Schüler. In Hollywood unterrichtet Solo-Klarinettist Karl Leister Studenten und offenbart ihnen das Geheimnis seines dunklen, warmen, gedeckten Tons.

Immer schön stützen. Von hier kommt der Ton, aus dem Bauch. Stützen mit dem Zwerchfell ist das Wichtigste, sonst gibt es Löcher in der Luftsäule und der Ton steht nicht. Trompeter Horst Eichler gibt Unterricht in Tokio.

In einer Pause zwischen den Proben spricht Herbert von Karajan mit seinem Schüler, Freund und Bewunderer Seiji Ozawa, einem der großen Dirigenten der jüngeren Generation, der schon oft als Gastdirigent mit dem Orchester arbeitete.

In Tokio sind die Eintrittskarten teurer als irgendwo sonst auf der Welt. Wer die Berliner Philharmoniker aus nächster Nähe erleben wollte, mußte einige 100 Mark für einen Platz bezahlen. Nach dem Konzert drängen sich enthusiastische Karajan-Bewunderer mit

Blumen ans Podium.
Ein junger Bratscher
sammelt für den
Maestro die Sträuße ein.

Blumen auch für Anne-Sophie Mutter. Die junge Solistin spielte in Tokio das Violinkonzert von Ludwig van Beethoven. Der Vorverkauf begann ein halbes Jahr vorher und dauerte nicht mal einen Tag. Dann waren die Karten ausverkauft.

So ein Klang braucht Jahre – Gespräche mit Herbert von Karajan über sein Orchester

Das Licht ist längst verloschen, der höfliche Applaus verstummt, als der Konzertmeister Platz genommen hat. Die Oboe hat das A gegeben. Jetzt produziert das Orchester nur noch Stille. Alle sitzen. Alle warten. Sie können warten. Er hat es nicht eilig. Und dann, als sich die Tür hinter der Harfe öffnet, rauscht Beifall auf, wirft sich eine kleine, zerbrechlich gewordene Gestalt nach vorn, greift wie ein Ertrinkender nach den rettenden Armen der Männer rechts und links, hantelt sich mit festen, entschlossenen Griffen durch das Spalier der Musiker zum Pult, kommt endlich an das eiserne Geländer, an dem er den Halt findet, den ihm seine Beine nicht mehr geben können. Ein kranker, alter Mann, der um den Platz kämpft, der ihm gebührt, unerbittlich, seine Schwäche überwindend. Mühsam, aber voll zitternder, wütender Energie erklimmt er das Podium, schüttelt helfende Hände unwirsch ab, setzt sich auf den lehnenlosen Stuhl und scheint sein orthopädisches Korsett am Eisengeländer hinter seinem Rücken zu justieren. Ein Auftritt, bei dem das Publikum den Atem anhält, betroffen, erschüttert.

Alle sitzen. Er sitzt über allen, dreht all den Menschen, die seinetwegen gekommen sind, den Rücken zu. Die Menschen waren beim Frisör, sie haben sich fein gemacht, festliche Garderobe angelegt und tragen den Schmuck großer Anlässe. Sie sitzen regungslos und verstummt auf ihren Stühlen, wagen nicht zu husten und blicken zu ihm auf, in wortloser, freudiger Erwartung, voller Vertrauen in das, was der Name des Herrn ihnen verheißt. Er sieht sie nicht an; es genügt ihm zu wissen, daß sie da sind.

Er trägt einen leichten Anzug aus Rohseide, einen Rollkragenpullover. Die Menschen, denen er sein Gesicht zuwendet, haben eine weiße Fliege um den Hals gebunden, so daß der Kragen drückt. Sie tragen einheitliche Berufskleidung, einen schwarzen Dienstanzug, der weder bequem ist, noch ansehnlich und so unmodern, daß er selbst im Kostümverleih kaum noch verlangt wird. Sie sitzen im Halbkreis um das Podest, und blicken ihn aufmerksam und mit großer Anspannung an, bereit, alles, ihr ganzes Können, ihre ganze Kraft in das hineinzulegen, was er von ihnen verlangt.

Er hat die Klimaanlage ausschalten lassen, die ihn stört. Sie werden in Schweiß gebadet sein, ihre Haut wird sich röten, ihr Puls wird rasen, und er wird sie keines Blickes würdigen, denn er erreicht sein Ziel mit geschlossenen Augen. Er sieht nicht 115 Individuen, nicht die Menschen, die sich seiner Sache opfern, die auch ihre Sache ist; sie sind für ihn ein Klangkörper, 115 Stimmen, die er mit der Andeutung einer Handbewegung kontrolliert.

«Es gibt keinen anschaulicheren Ausdruck für Macht, als die Tätigkeit des Dirigenten», schreibt Elias Canetti in seinem philosophischen Werk «Masse und Macht». Der Dirigent habe die Macht über Leben und Tod der Stimmen; er sei der Führer, dem die Menge im Saal folgt, die er mitreißt und entführt. «Sein Rücken steht immer vor ihnen, als wäre er das Ziel. Würde er sich einmal wenden, ein einziges Mal, der Bann wäre gebrochen.»

Ist Herbert von Karajan ein Ziel? Ein Leitbild? Ein Kaiser? Zwei Stunden lang gehen japanische Fernsehjournalisten dieser Frage nach. Die Berliner Philharmoniker, denen sie diese Frage stellen, antworten ausführlich, sorgfältig differenzierend und ihre Worte abwägend, zwei Stunden lang mit «Nein». Selten gab es eine Fernsehsendung mit so viel bedächtigem Kopfschütteln. Er sei ein großer Dirigent, dem sie sehr viel verdanken, aber ein Kaiser? Das Bild hängt schief.

Aber welches Bild wird ihm gerecht? Die Versuche reißen nicht ab, das Phänomen Herbert von Karajan zu erklären, die Faszination und das Geheimnis dieses erfolgreichsten Dirigenten aller Zeiten mit Hilfe eines Ehrentitels zu ergründen; ob er nun ein Kaiser ist, ein naiver Salzburger Musiker oder ein Röntgenarzt, der die Partituren durchleuchtet; die papierenen Berge, die seine Größe dokumentieren, türmen sich wie die Alpen im Engadin, nur mit dem Unterschied, daß es unmöglich ist, darin Erholung zu finden.

Sicher formen all diese Wortgebirge einen Gipfel, der Herbert von Karajan ähnelt, gewiß ist er «ein glücksfähiger Briomusiker von präzisem Fachmannsfeuer, der im Alter, wo die Katastrophensehnsucht nachläßt, zum Klangzauberer wird», – dies nur als Ansichtskarte, als winzigen Postkartenausschnitt des alpinen Panoramas, das der Karajanide und Kritiker Prof. Joachim Kaiser zum 100. Geburtstag der Berliner Philharmoniker entwarf. Ungezählt die Porträts Herbert von Karajans, von denen nicht wenige, gleich ob in Worten gefaßt oder in Öl gespachtelt, ein wenig den Fotografien ähneln, die sein Leibfotograf Siegfried Lauterwasser von ihm machte, als Karajan noch nicht 70 war. Diese millionenfach publizierten, allzu gestochenen Farbbilder mit raffiniertem Hinterlicht auf silbernem Haar, diese Cover-Posen sollten Größe darstellen und wurden gerade deshalb seiner Größe nicht gerecht. In all diesen Glanzbildern der Karajan-Legende liegt eine besondere Wahrheit: Er hat sie alle höchstpersönlich ausgesucht. So unnachsichtig und entschieden, wie er auf Frische, Glanz und Vollkommenheit des Klanges bedacht ist, so gewissenhaft und sorgfältig hatte er auch an dem äußeren Bild gearbeitet, das er der Nachwelt überliefern wollte.

Karajans Karajan-Bild sollte kraftvoll sein, zwingend, unbeugsam und vital. Das Bild des unsterblichen Orchester-Herrschers zeigte keine Milde, kein Lächeln, es blendete die Spuren der Zeit aus. Wo Fotografien Spiegel waren, hätte er sie am liebsten zertrümmert, so wie Picasso in den letzten Jahren seines Lebens alle Spiegel aus seiner Umgebung verbannte, denn sie zeigten ihm einen alten Mann. Die Uhr läuft.

Klang verrauscht, aber er läßt sich konservieren. Zeit verrinnt unwiederbringlich. Herbert von Karajan geht seinen Weg, der schmaler wird, beschwerlicher und dennoch zuverlässig wie ein Fahrplan zu immer den gleichen Stationen führt: Berlin – Salzburg – Luzern – London – Paris – Tokio – Berlin – Salzburg und so fort.

Der Kaiser hat den Zenit seiner Macht überschritten. Die Zeit arbeitet gegen ihn. Er hat die Grenzen eines Imperiums abgesteckt, das es nie zuvor gegeben hat, eine Medienlandschaft, die den Globus umspannt. Seiner Macht unterliegen Schallplattenkonzerne und audiovisuelle Weltfirmen; er ist der Konstrukteur eines dynamischen organisierten Gesamtkunstwerks aus Festspielen und Akademien, Konzertreisen und Filmproduktionen. Er ist der Botschafter von Bruckner, Brahms und Beethoven, der Honorarkonsul von Wagner und Verdi. Keine Sekunde verstreicht, ohne daß irgendwo auf der Welt ein Klang erzeugt wird, der seinen Namen trägt.

Doch das Wunder Karajan ist ein wunder Karajan geworden. Die Tragödie eines einsamen, des kontaktscheuen Regenten, der seine Umgebung nur noch applaudierend erlebt und nicht anders mehr erleben will. Die Tragik jener großen Patriarchen, die niemals Widerspruch dulden, liegt häufig darin, daß sie am Ende ihres Weges Widerspruch nicht mehr kennen, daß sie, umgeben von effektiven Hofschranzen fürs Grobe, abgeschirmt, der Wirklichkeit beraubt, in Watte gepackt und vom menschlichen Umgang entwöhnt werden. Mißtrauisch wittern sie hinter der Ehrerbietung und Unterwürfigkeit das Komplott gegen ihre Macht. In hilflosem, den Anlaß oft weit übersteigerndem Zorn reagieren sie auf jede Unbotmäßigkeit in ihrem Imperium, als sei es ein Anschlag auf ihr Leben. Welche Unruhe trieb ihn in den letzten Jahren immer wieder in den Kampf? Gegen die Stadt Salzburg, gegen die Stadt Berlin, gegen die Filmproduktionsfirma in München, gegen sein eigenes Orchester? Ein Kampf gegen alle und alles, in den er längst nicht mehr seine Interessen, sondern sich selbst, seine ganze Kraft, sein ganzes Gewicht einbrachte – schonungslos. Nichts, was Herbert von Karajan inszeniert, ist ohne Größe, und so staunte die Öffentlichkeit über manchen banalen Stoff, der wie ein Königsdrama von tragischer Dimension inszeniert wurde, als hätte Shakespeare Regie geführt. Karajan, von allen guten Geistern verlassen, ein Lear im Jet, immer wieder malten die Medien ein Schlachtbild in düsteren Farben.

Aber da wäre noch ein weiteres Bild. Ich möchte Ihnen einen alten Herrn vorstellen, der, als ich ihm das erste Mal begegnete, noch mit schnellem, aber unsicherem Schritt durch die Hotelhalle hastete, klein, fast zerbrechlich und mit einem Unterton von Freundlichkeit in der knarrenden Stimme: «Setzen Sie sich zu mir», sagte er, «dann können wir ein bißchen reden.» Ich stieg zu ihm in die große schwarze Limousine, die immer mit laufendem Motor bereitstand, wenn er das «Okura»-Hotel verließ. Wir fuhren hinaus zu den Werkhallen der Japan-Air-Lines, und auf der langen Fahrt dorthin stellte ich Herbert von Karajan meine Fragen. Er schien mir aufgeräumt, auf fast vorweihnachtliche Weise erwartungsvoll zu sein; auf diesen Tag hatte er sich die ganze Reise gefreut, auf die Aussicht, im Flugsimulator, in dem die Piloten der Japan-Air-Lines ausgebildet werden, eine Boeing 747 zu «fliegen». Und bei der Gelegenheit wollte er auch den neuen Subaru-Geländewagen mit Allrad-Antrieb ausprobieren, der, wie er beteuerte, ideal für St. Moritz sei, für den Schnee. Einmal mußte er beinahe ein Konzert absagen. Da war er mit einem Wagen, den er testen wollte, aus der Kurve getragen worden. Aber das war ein Rennwagen; das ist lange her.

Wir fuhren eine Weile dahin. Meine Fragen fielen wie Tropfen in einen Teich. Sie bewegten nichts, er nahm sie auf. Er sprach geradeaus, nicht sehr laut, aber so, daß jedes Wort in dem Tonbandgerät, daß ich ihm hinhielt, zu hören war. Ich glaube, er war ein bißchen gekränkt, daß es so ein einfaches Gerät war, Mono, gerade tauglich zum Diktat. Er hat es kurz in die Hand genommen, gebrummt, daß es heute ganz andere Sachen gäbe, und es wieder in meine Hand gelegt.

Ja, sein Verhältnis zum Orchester. Das ist wie zu Kindern. Er läßt sie spielen, wie er Kinder spielen lassen würde. Er läßt den Taktstock fallen, und läßt das Orchester kommen. Er zeigt ihnen nie, wie etwas gemacht wird, aber er lehrt sie, den Fehler zu finden. Wenn man es nicht stört, findet das Orchester von selbst seinen Weg, das ist wie beim Springturnier.

Wie beim Springturnier?

Ja sicher. Das Pferd nimmt einen über die Hürde. Aber man zwingt es nicht hinüber. Früher hat er selbst geritten. Man muß dem Pferd nur den richtigen Winkel geben, an dem es losspringen kann. Mehr braucht es nicht. Alle besonders fein organisierten Individuen und auch komplizierteste Maschinen funktionieren in dieser Weise. Wenn man das Gesetz kennt, nach dem sie gebaut sind, und darauf eingeht, kriegt man das Maximum heraus. Kennt man die Gesetzmäßigkeiten nicht, kommt es zum Kampf, und dann kann es passieren, daß am Ende der andere gewinnt.

Nein, er weicht keinem Kampf aus, keiner Herausforderung. Es ist nicht nur das Pferd, das er über die Hürde zwingt, die alpine Schußfahrt, als «schnellster Herr von Tirol», das schnellste Schiff, der Pilotenschein für Düsenflugzeuge. Herbert von Karajan hat immer um den ersten Platz gekämpft. Wäre er Politiker, er hätte es längst zum österreichischen Regierungschef gebracht, und vermutlich gäbe es dort keine Opposition mehr.

Aber Politiker kann jeder werden, Dirigent nur wenige Auserwählte. Wer kann denn mit einem Blick in die aufgeschlagene Partitur mehr erkennen als ein verwirrendes Schaubild mit Hunderten von Zeichen? Wer kann sie lesen? Wer kann aus so einem komplizierten Text einen Klang heraushören, eine Vorstellung entwickeln, wie dieser Klang auszusehen hat?

Es gibt nur einen winzigen Bruchteil von Menschen, sagt Herbert von Karajan, die bei der Lektüre von Noten das hören, was man hören muß. Nicht einmal die Komponisten können das! Er hat mit vielen Komponisten gesprochen. Er hat sie bei den Proben gehabt. Er hat ihnen gesagt: Ja, was ist denn? Sie haben sich das anders vorgestellt? Sie schreiben das so hin! Er kann versuchen, ihnen das Klangbild zu erklären, das sie sich vorstellen. Er kann die Verteilung der Gewichte so verändern, daß sie ihren Intentionen mehr entsprechen. Aber aus den Noten ging das nicht hervor. Was sind denn Noten? Eine Notenschrift ist keine Vorschrift, sondern eine der ungenauesten Schriften, die es gibt. Noten sind Andeutungen. Wer will denn sagen, in welchem Grad das herauskommt, wo bei einem «Crescendo» der Ausgangspunkt und wo der Endpunkt ist, soll man das in Dezibel messen? Er führt immer das Beispiel an von dem Werner Heisenberg, den er gut gekannt hat, und dem er sehr viel verdankt. Untersuchen Sie eine Schneeflocke! In dem Augenblick, wo man sie mit der Hand berührt, hat sie sich verändert. So verändert sich auch jedes Musikstück, sobald es jemand in die Hand nimmt. Man kann es spielen, wie es gedruckt ist. Man kann etwas daraus machen. Man kann auch nichts daraus machen, das ist das ganze Geheimnis.

Natürlich gäbe es Komponisten, wo das Orchester mit einer nachtwandlerischen Sicherheit genau den Klang erreicht, den er will. Zwei besondere Beispiele sind dafür Mozart und Verdi. Wenn man acht Jahre in einem Provinztheater war, mit einem Orchester von 35 Mann gearbeitet hat, vier erste Geigen nur, und dann Wagner gespielt hat und das alles, dann weiß man, was von selbst hergeht. Bei Mozart und Verdi gibt es nicht den geringsten Zweifel. Auch bei einem relativ stark instrumentierten Orchester kommt das immer mit der Klarheit raus, die es braucht. Bei anderen bedeutet es wirklich harte Arbeit, speziell bei Beethoven. Die Tonleiter, die den letzten Satz der ersten Symphonie einleitet; das glaubt keiner, was das für eine Arbeit ist, bis man da den Zusammenklang hat. Das ist eine Sache, die steht nicht in den Noten, die muß man irgendwie herauslesen und erfühlen.

Gibt es für ihn den Zustand einer Euphorie, wenn ein Konzert ihn über alle seine Erwartungen hinausträgt?

Ja, wenn er diese junge Geigerin hört, die Anne-Sophie Mutter, das ist so etwas, da hat er das Gefühl, er spielt selbst Geige. Wenn er Geige spielen könnte, dann würde er spielen wie sie. Ihre Stradivari gehört zu den fünf besten Violinen der Welt. Sie hatte drei Geigen zur Auswahl gehabt. Bei zweien war sie ganz zufrieden. Aber als sie die dritte in die Hand nahm, da war sie verloren.

Er war es auch. Er sagt es nicht, aber wer ihn einmal beobachtet hat, wie er bei einer Probe dem Spiel ihrer Stradivari lauscht, der weiß, was es heißt, sich über beide Ohren zu verlieben. Auch das ist ein Karajan-Bild, das des Entdeckers, des Talentsuchers, der in eigenen Wettbewerben und Akademien den Nachwuchs fördert und sich vom Spiel junger Virtuosen verzaubern läßt, der junge Dirigenten fördert, wo er nur kann.

Ich fragte ihn, ob er jemals seine Arbeit als Dienst empfunden habe.

Natürlich. Es ist ein Dienst. Und dann lehnte er sich zurück in die Autopolster und erzählte von seinem Vater, der Chirurg in Salzburg war, von Krankenschwestern, die es früher gegeben hat, die tagaus, tagein ihren Dienst verrichteten, ohne einen einzigen freien Tag. Und wenn man sie fragte, was sie denn im nächsten Leben werden wollten, dann gab es nur eine Antwort: Krankenschwester. Und er erzählte von einem Straßenfeger in St. Moritz, der immer einen so glücklichen Eindruck auf ihn gemacht hat. Gefragt habe er den, ob ihn die Arbeit zufrieden mache. Aber ja, hat der geantwortet, denn er glaube mit jedem Stein, den er fortfege, würde er denen, die dort entlanggehen, eine Freude machen. Und so ist es auch mit einer Operninszenierung, oder mit einem Konzert. Der richtige Glanz entsteht nur, wenn man auch die Kleinigkeiten selbst in die Hand nimmt, wenn man sich Zeit läßt und alles gründlich ausarbeitet, von Anfang bis zum Ende.

So wird auch jedes neue Stück, das sie spielen, zerlegt. Er hört die einzelnen Gruppen, dann alles zusammen, es wird auf Klang gestellt. Erst läßt er sie spielen, was ausgedruckt ist, und dann differenzieren. Und dann, wenn man völlig frei ist von der Technik, dann ist man am Anfang! Das Unausschöpfliche in den wirklich großen Meisterwerken zu ergründen, da hat man keine Chance, je zu einem Ende zu kommen. Und dann sprach Herbert von Karajan von den «Berlinern». Sie haben diese phantastischen Bläser, die auch leise spielen können. Und was sie wirklich haben, ist diese unerhörte Fülle an Klang. Sie lassen sich Zeit, den Klang zu entwickeln, aber wenn er dann da ist, dann ist er da. Und es ist nie der Klang, bei dem man das Gefühl hat, man würde mit dem Sieb Wasser schöpfen und nichts bleibt übrig. Man hat immer die Hand voll, gerade bei Brahms.

Das ist wahr.

Nicht? Aber zum Brahms gehört auch die ganze Art, wie die Leute damals gelebt haben. Wenn die sich zum Essen hingesetzt haben, das hat doch fünf Stunden gedauert, bis die sich die Servietten umgebunden haben. Es war immer Zeit, etwas langsam, mit Bedacht, mit Genuß zu tun.

Nach dem Krieg waren die Musiker so unglücklich, weil sie jahrelang in einem Kino spielen mußten, und dann in der Hochschule für Musik, die ja eine wirklich schlechte Akustik hatte. Die lieben es einfach, wenn ein voller, runder Klang entsteht. Aber in dem Moment, wo sie die Philharmonie bekommen hatten, das war von einem Tag auf den anderen, da hat sich das Spiel des Orchesters verändert. Es war wie bei Anne-Sophie Mutter, als die ihr neues Instrument bekommen hatte, und sich ihr ganzes Spiel veränderte. Woanders ist es schön. Aber so schön wie in Berlin ist es nirgends. Das ist genau der Klang, den er haben will.

Was mir auffiele an dem Orchester, sei die erkennbare Freude am Musizieren, sagte ich. Ob er dafür eine Erklärung wüßte?

Das hat er ihnen von Anfang an eingebleut! Und dabei haben die Musikfilme, die sie gemacht haben, sehr geholfen. Immer wieder hat er ihnen gesagt: Es muß nicht nur schön klingen, es muß auch schön aussehen, wenn sie sich anstrengen würden. Und deshalb haben die ein physisches Engagement, das die meisten Orchester nicht haben, ohne Frage; das ist sehr viel, was da an innerer Energie aufgebraucht wird. Das ahnt ja niemand, was das bedeutet.

Da wird ein Lauf gespielt, von Leuten, die im Abstand von eineinhalb bis zwölf Metern von ihm entfernt sitzen. Er hört sie alle. Aber sie hören sich untereinander doch nur sehr unvollständig, zum Teil überhaupt nicht. Und die spielen zusammen! Bis diese Präzision erreicht wird, bis es soweit ist, daß einer am Zucken der Schulter seines Vordermannes spürt, daß es weiter geht, das braucht Zeit, das braucht Jahre.

Ich fragte ihn, ob es ihn wurmte, dieses kostbare Instrument an andere Dirigenten auszuleihen, die dann nur drei Proben lang damit arbeiten. Reicht das überhaupt, das Orchester umzustimmen?

Natürlich nicht, sagt Herbert von Karajan. Bis jemand das wirklich umgestellt hat, brauchte er sehr viel Zeit, er müßte viel mehr Proben haben, um die Dinge nur in den wesentlichen Formen auszuarbeiten.

Und wenn der Gast es einfach laufen läßt?

Wenn er es laufen läßt, kriegt er nicht das, was bei ihm gespielt wird, sagt Herbert von Karajan.

100 Jahre Berliner Philharmoniker. Im Foyer der Philharmonie in Berlin werden Dokumente aus der bewegten Geschichte des Orchesters gezeigt. Dazu gehört auch dieses Bildnis des Herbert von Karajan in Öl, das sonst im Rathaus Schöneberg hängt.

Herbert von Karajan dirigiert stets auswendig und mit geschlossenen Augen. Seit 1955 ist er Chefdirigent der Berliner Philharmoniker, eine Aufgabe, die er seinerzeit «mit tausend Freuden» übernahm, und die ihn auf Lebenszeit an das Orchester bindet. Der in langen

Jahren gewachsene große Klang der Berliner Philharmoniker ist die «Frucht von sehr viel Arbeit und sehr viel Liebe», sagt er gern.

Kassenschlager Karajan. Die Carnegie Hall in New York ist lange ausverkauft. Mehr als je ein Dirigent zuvor hat Herbert von Karajan es verstanden, ein florierendes Imperium zu errichten, eine gewinnbringende Komposition aus Schallplatten und Video-Filmen, Konzert-

reisen und Festspielen, Operneinstudierungen und Fernsehauftritten sowie der Inszenierung klassischer Musik auf allen Kanälen der neuen Medien. Dort sitzt er längst am Regler. Souverän macht er sich technische Revolutionen untertan, Zukunftsmusik ist sein Handwerk.

Wo immer die Berliner Philharmoniker mit ihrem Chefdirigenten gastieren, ob wie hier mit einer konzertanten Aufführung von Richard Wagners «Parsifal» in der Pariser Oper, ob in Luzern oder London, New York oder Chicago, Peking oder Tokio, der

Name Karajan bürgt
für einen großen Abend
und sorgt für ausver-
kaufte Häuser.

Probe für eine Fernsehaufzeichnung in Tokio. Musik, sagt Herbert von Karajan, solle nicht nur schön klingen, sie habe auch schön auszusehen. Nach dieser Devise haben die Berliner Philharmoniker schon an die 40 Filme gemacht.

Kein Dirigent der Welt, mag er noch so präzise die Einsätze geben, den Takt schlagen und seinen Willen mit dem Stab formulieren, kann den Berliner Philharmonikern jenen schönen Klang entlocken, den Herbert von Karajan mit seinen oftmals vage erscheinenden Hand-

bewegungen und leisen Andeutungen des Taktstocks erzeugt. Das Geheimnis von 32 Jahren Zusammenspiel läßt sich nicht in drei Orchesterproben ergründen.

Das Geheimnis ist es, im entscheidenden Moment aus einhundertfünfzehn Individuen eine Person zu machen, sagt Herbert von Karajan, einen Klangkörper, mit einer Bewegung, einem Atem, einem Gefühl.

Krach mit dem Chef, die Bläser erscheinen zum Rapport. In den langen Jahren seiner Amtszeit hat es immer wieder Auseinandersetzungen zwischen Herbert von Karajan und seinen Musikern gegeben. Die musikalische Harmonie hat nie darunter gelitten.

Schlußapplaus in der New Yorker Carnegie Hall. Herbert von Karajan gibt dem Orchester das Zeichen, sich zu erheben.

«Tosca», konzertante Aufführung der Oper von Giacomo Puccini mit dem Tenor José Carreras und der Sopranistin Katia Ricciarelli. Eine Sternstunde des Orchesters.

Herbert von Karajan erklärt dem jungen polnischen Pianisten Krystian Zimerman, wie er sich Robert Schumanns Klavierkonzert vorstellt. Zwischen dem Dirigenten und dem Solisten liegt ein halbes Jahrhundert an musikalischer Erfahrung. Und der mächtige Maestro

macht es dem jungen Virtuosen nicht gerade leicht, seine eigene Auffassung durchzusetzen.

«Wenn ich Geige spielen könnte, ich würde spielen wie sie», sagt Herbert von Karajan über Anne-Sophie Mutter, Jahrgang 1963. Sie zählt heute zu den großen Geigen-Virtuosen der Welt und war noch nicht 14, als Herbert von Karajan ihr den Weg zu einer Weltkar-

riere bereitete. Bei den Proben zu Beethovens berühmten Violinkonzert lauscht er hingerissen dem Klang ihrer alten Stradivari.

Finale eines historischen Festakts. Als am 28. Oktober 1987 zur 750-Jahrfeier der Stadt Berlin der neue Kammermusiksaal eingeweiht wurde, spielte Anne-Sophie Mutter unter der Leitung von Herbert von Karajan Antonio Vivaldis «Vier Jahreszeiten». Das Er-

eignis wurde direkt im
Fernsehen übertragen.

In seiner Jugend war Herbert von Karajan Konzertpianist. Bei Barockmusik ergreift er die Gelegenheit, am Cembalo den Generalbaß zu spielen. Hinter ihm der langjährige Konzertmeister Prof. Thomas Brandis.

Raus aus den Kartoffeln – Die Geschichte des Orchesters und seiner Dirigenten

Auf dem Programm steht Ludwig van Beethovens 6. Symphonie. Dritter Satz. Der Dirigent ist noch nicht zu sehen. Die Musiker haben ihre Plätze eingenommen. Einer stellt sein Bier neben das Stuhlbein, ein anderer wischt sich die Hände in seinem riesigen weißen Taschentuch, weil die Finger von der Wurststulle, die er gerade verzehrt hat, noch etwas fettig sind. Der Hornist schnippt seinen Zigarillo fort. Das Publikum schwatzt vergnügt an langen weißgedeckten Tischen. Kellner hasten mit schnellem Schritt durch die Reihen und knallen die schweren Bierkrüge unsanft vor die Gäste. Dann erscheint der Maestro. Beifall prasselt in den Sommerabend, die Musiker setzen die Instrumente an, und das Publikum schwatzt nur noch leise, die «Pastorale» nimmt ihren Lauf. Sie ist gut zu hören, denn sie wird in Bläserbesetzung gespielt, und der Höhepunkt des Abends wird erst recht nicht zu überhören sein: Wenn sich nach dem «lustigen Beisammensein der Landleute» die Musik im heftigen Allegro zum Gewitter steigert, gibt es wieder Feuerwerk. Nischt jeht über Beethoven!

Das Berliner Musikleben von 1880 hatte viele solche Höhepunkte, nicht nur in Gartenkonzerten, in denen ein Potpourri aus Märschen und Walzern, Tänzen und Gesang mit großer Klassik garniert wurden. Die Schlagerparaden jener Jahre gab es nicht in Konserven, sie ließen sich nicht daheim im Sofa konsumieren. Musik war ein beliebtes Ausflugsziel; und Kritiker, die sich darüber mokierten, daß im «Concerthause» ausgerechnet zur neunten Symphonie von Ludwig van Beethoven die Kartoffeln dampften und Strümpfe gestrickt wurden, waren nur vereinzelte Vorboten einer neuen Zeit.

Die aufblühende Reichshauptstadt war musikalisch nicht schlecht ausgestattet. Sie verfügte, ein feudales Erbe aus der Zeit Friedrichs des Großen, über eine Hofoper, eine Hofkapelle und eine Singakademie; sie hatte eine Musikhochschule, ein berühmtes Konservatorium und all die Einrichtungen einer sebstbewußten bürgerlichen Gesellschaft, zu deren gutem Ton das Erlernen des Klavierspiels gehörte. Es gab viele Privatlehrer, es gab Chöre und manche Kapelle, unter denen eine besonders hervorragte: Sie unterstand dem Schlesier Benjamin Bilse, Jahrgang 1818, einer imposanten Gestalt mit weißem Rauschebart, berühmt als Komponist des «Cäcilienmarsches», einem unvergessenen Hit aus der Revolution von 1848. Der Mann aus Liegnitz war ein Publikumsliebling, der am Pult des Dirigenten im «Concerthause» seinem 3000. Konzert entgegenruderte, ein Mann, der sein Handwerk verstand und auch dem Neuen aufgeschlossen war. So lieh er großzügig zweimal seine Kapelle an Richard Wagner aus.

Andererseits war der gute Mann so knauserig, daß er auf einen Schlag 54 Musiker verlor. Sie weigerten sich nämlich, eine Gastspielreise nach Polen in Abteilen vierter Klasse anzutreten und meuterten wegen schlechter Bezahlung. Auf diese Weise entstand das Berliner Philharmonische Orchester. Die Musiker, fast alle jünger als 30 Jahre, schlossen sich zusammen, und dank privater Förderer, einer vertraglichen Bindung an die Hochschule für Musik und eines genial die Klaviatur des internationalen Konzertmanagements beherrschenden Agenten blieb das junge Unternehmen über Wasser, zumal noch das Angebot dazukam, im niederländischen Seebad Scheveningen zur Sommerzeit Kurkonzerte zu veranstalten. Ein Raum fand sich auch in Berlin, die Rollschuhbahn an der Bernburger Straße, die mit viel Stuck und Plüsch im Stil der Zeit zur Philharmonie umgerüstet wurde; ein prächtiger Saal mit einem Orgelprospekt an der Stirnseite, Platz für 2500 Menschen und einer Akustik, die ein Orchester sich nur wünschen konnte. Jetzt wünschte es sich nur noch einen ständigen Dirigenten. Den zu finden war vor 100 Jahren nicht so einfach, wie es heute scheint. Der Mann, mit dem das Orchester dann schließlich groß wurde, entstammte einem alten preußischen Adelsgeschlecht und hatte in Berlin mit dem Gastspiel des nur 40 Mann starken Meininger Hoforchesters Furore gemacht: Hans von Bülow, am 8. Januar 1830 in Dresden geboren, studierte Jura und Musik und wurde in Weimar Schüler von Franz Liszt, dessen Tochter Cosima er heiratete.

Richard Wagner holte ihn, der inzwischen in Berlin als Hofpianist und Dirigent erste Erfolge hatte, nach München und verschaffte ihm den Posten eines Hofkapellmeisters und Leiters der königlichen Musikschule. Wagners Anziehungskraft blieb nicht auf Hans von Bülow beschränkt; Cosima von Bülow verließ ihren Mann und wurde Cosima Wagner. Hans von Bülow dirigierte noch tapfer die Uraufführung der «Meistersinger» in München, löste sich dann aber begreiflicherweise aus dem Kreis des von ihm immer noch verehrten Komponisten.

Als Hans von Bülow 1887 das Philharmonische Orchester übernahm, war er nicht nur als Klaviervirtuose ein gefeierter Beethoveninterpret von Weltruf; er hatte auch einen Ruf als unerbittlicher, kompromißloser Orchester-Erzieher, als Dirigent, der in minuziöser Kleinarbeit die Partituren zerlegte und auf diese Weise selbst seinem 40-Mann-Orchester einen Klang entlockte, den niemand für möglich gehalten hatte. Jetzt hatte er ein richtiges großes Orchester vor sich, mit dem er arbeiten konnte, und das Publikum erzog er auch. Denn obwohl es keine Kartoffeln mehr gab und keine Kuchen, ließ die Aufmerksamkeit noch zu wünschen übrig. Bevor Hans von Bülow den Zuhörern den Rükken wandte und mit weißen Handschuhen den Einsatz gab, pflegte er die Leute mit einer Rede über die Feinheiten der Musik aufzuklären, die er zu dirigieren gedachte.

Neben den großen Konzerten machte das Berliner Philharmonische Orchester in «volkstümlichen Konzerten» immer noch manchen Walzer flott; die Demarkationslinie zwischen U- und E-Musik war damals eine offene Grenze, und es war für das erste Orchester Berlins nichts Ehrenrühriges, im Garten-Etablissement «Flora» die Muse leicht zu nehmen. Niemand dachte im Traum an eine Unvereinbarkeit von Konzerterlebnis und Kuchenschlacht, und stolz zeigten die Berliner Philharmoniker auch auf einer «Hygiene-Ausstellung», was sauberer Klang sein kann.

Hans von Bülows Ansagen waren in jener Vorzeit des Fernsehens das Stadtgespräch. «Es gibt für mich keine schrecklichere Monotonie als die des Erhabenen», sagte der knurrige Orchesterchef einmal. Was ihn aber nicht daran hinderte, Beethovens neunte Symphonie am gleichen Abend zweimal hintereinander zu dirigieren, nachdem das Orchester bereits am Morgen das gewaltige Werk in öffentlicher Generalprobe schon durchgestanden hatte. Abgesehen von solchen Wiederholungen konnte das Orchester sich über Monotonie nicht beklagen. In den ersten zehn Jahren ihres Bestehens spielte die selbstorganisierte Musikergemeinschaft nicht allein unter Hans von Bülow, sondern auch unter Peter Tschaikowsky, Edvard Grieg, Johannes Brahms und Hans Pfitzner. Anton Dvořák, Hugo Wolff und Anton Bruckner erlebten in der Philharmonie Uraufführungen ihrer Werke, Clara Schumann trug ihres Gatten a-Moll-Konzert vor, und nur Richard Strauss, der gehofft hatte, einen «Don Juan» als Uraufführung dirigieren zu dürfen, wurde enttäuscht. Solche schwierigen Sachen machte Hans von Bülow lieber persönlich. Auch die Kritiker, die zunächst ärgerlich die «Theilnahmslosigkeit» des Berliner Publikums moniert hatten, lernten dazu.

Sie waren bald voll des Lobes für Hans von Bülow und die Berliner Philharmoniker. Um so heftiger zausten sie die Komponisten, die das Orchester mit ihren «Machwerken» bemühten, mit der immer wiederkehrenden Feststellung, daß kein neuer Beethoven dabei war. So streng waren damals die Maßstäbe.

Der Dirigent, der gelegentlich mit dem Fuß aufstampfen konnte und auch mal weithin vernehmbar ein «Vorwärts» ins Orchester brüllte, kündigte auch die Zugaben mit launigen Ansagen an, etwa indem er sagte, daß er ein Stück nur deshalb spiele, weil es bei der Konkurrenz «grauenhaft massacrirt» werde. Am 28. März 1892 hielt er wieder einmal eine Ansprache, kaum, daß Beethovens dritte Symphonie, die «Eroica», verklungen war. Es war eine lange politische Rede mit einem denkwürdigen Ende: «Wir Musikanten mit Herz und Hirn, mit Hand und Mund, wir weihen und widmen heute die heroische Sinfonie von Beethoven dem größten Geisteshelden, der seit Beethoven das Licht der Welt erblickt hat. Wir widmen sie dem Bruder Beethovens, dem Beethoven der deutschen Politik, dem Fürsten Bismarck! Fürst Bismarck – hoch!»

Statt des Hochs kam ein Sturmtief. Die Musiker, die wohl nach den Vorstellungen ihres Dirigenten einen Tusch spielen sollten, saßen stumm, und im Publikum erhob sich ein – mit zaghaftem Applaus gemischter – Protest, wie ihn Hans von Bülow wohl noch nie erlebt hatte. Bei allem Respekt für den Reichskanzler, der zwei Jahre zuvor von Kaiser Wilhelm II. schmählich entlassen worden war, – Politik in der Philharmonie? Das ging zu weit! Hans von Bülow, heißt es, habe sich entfärbt. Er zog ein Taschentuch hervor, klopfte sich damit den Staub von Berlin von den Stiefeln und ging.

Am 12. Februar 1894 starb der erste große Dirigent der Berliner Philharmoniker. Sein Nachfolger wurde, für knapp zwei Jahre und ohne nennenswerten Erfolg, der damals gerade 30 Jahre alte Komponist Richard Strauss, der schon einige Male als Gastdirigent mit dem Orchester gearbeitet hatte. Die Einnahmen der Philharmonie gingen zurück und die Presse ging vor, unnachsichtig: «Im Saal kein Toilettenglanz, kein schöner Frauenkranz. Einige verstimmte Abonnentengesichter, bekannte Geschäftsfreunde des Hauses. Der Dirigent betritt das Podium. Schwacher Willkommensgruß. Matter Dank. Herr Richard Strauss dirigiert. Genau wie früher schlenkert er die schlechten Taktteile nervös von sich weg. Genau wie früher markiert er Knickebein, indem er bei jeder Kraftäußerung des Orchesters mit den Knien einknickt.» Und so weiter. Zu den Dirigenten, die in dieser schweren Zeit mit dem Orchester arbeiteten, gehörte auch Siegfried Wagner, Sohn Richard Wagners, der den Stab in der Linken führte, und der Kapellmeister Gustav Mahler aus Hamburg, der drei Sätze seiner zweiten Symphonie als Uraufführung dirigierte, auf eigene Kosten.

Da der geschäftstüchtige Richard Strauss die für damalige Verhältnisse extrem hohe Gage von 5000 Reichsmark verlangte und auch bekam, das Orchester aber nicht einmal die Saalmiete einspielte, suchte der Konzertagent Hermann Wolff einen anderen Dirigenten und bewies eine glückliche Hand. Er fand eine Persönlichkeit, die 27 Jahre lang das Berliner Philharmonische Orchester leiten sollte. Arthur Nikisch, geboren am 12. Oktober 1855 im ungarischen Lebeny Szent Miklos als Sohn eines deutsch-slawischen Buchhalters und einer Ungarin, bekam nie eine richtige Schulbildung, lernte aber schon mit sechs Jahren Klavier, ging mit elf Jahren aufs Wiener Konservatorium, wo er Geige studierte, und spielte bald im Hofopern-Orchester. Mit 17 erlebte er Richard Wagner, spielte unter seiner Leitung bei der Grundsteinlegung des Festspielhauses in Bayreuth die neunte Symphonie von Beethoven und bekannte später, daß dieses Erlebnis seine ganze Beethovenauffassung bestimmt habe. Mit 23 Jahren war Arthur Nikisch, was er immer werden wollte: Dirigent, und mit 30, wenn man dem Urteil von Franz Liszt glauben will, «der Auserwählte unter den Auserwählten».

Als Arthur Nikisch am 14. Oktober 1895 in Berlin sein Amt antrat, übernahm er zugleich die Leitung des Gewandhaus-Orchesters in Leipzig. Werner Oehlmann, Chronist der Berliner Philharmoniker, notiert: «Schon seine Erscheinung fesselte auf besondere Weise: Ein mittelgroßer, blasser, langhaariger Mann mit dem ruhigen, lässigen Auftreten eines Weltmannes, kein eifernder, fanatisch angespannter Nachfahre Hans von Bülows, sondern ein Bote einer anderen Zeit, elegant, mondän, durch Liebenswürdigkeit und natürliche Noblesse faszinierend.»

Aber weil es schwierig ist, die Wirkung eines Dirigenten aus Augenzeugenberichten zu filtern, soll ein Ausspruch des Dirigenten selbst dafür stehen: «Wenn mich einer meiner Kollegen nach einem Konzert fragen würde, wie ich diese oder jene besondere Wirkung hervorgebracht habe, so wäre ich unfähig, ihm darauf zu antworten. Man fragt mich, wie ich mein Fühlen den Musikern mitteile; ich tue es einfach, ohne daß ich weiß wie. Wenn ich eine Komposition dirigiere, so ist es die erregende Macht der Musik, die mich fortreißt.»

Nie wird sich feststellen lassen, wieweit der Klang, für den das Berliner Philharmonische Orchester heute berühmt ist, schon unter seinen Händen herangewachsen ist, wieweit seine Handschrift, und auch die seines Vorgängers Hans von Bülow, heute noch in dem Orchester mitklingt, das weder den einen noch den anderen persönlich erlebt hat. Einige der begeisterten Kritiken jener Zeit könnten heute auch im Wortlaut einem Karajan-Konzert gerecht werden. Nur ab 1906 wurden manche etwas einsilbig; das Orchester war so erfolgreich, daß keine Freikarten mehr an die Presse gegeben wurden.

Mehr noch als sein Vorgänger öffnete Nikisch die Philharmonie der Moderne, er entdeckte dem Orchester die gewaltige Welt Anton Bruckners; auch Peter Tschaikowsky war zu jener Zeit noch eine Entdeckung, die er mit Liebe pflegte. Nikisch förderte Richard Strauss, dessen neue Werke er herausbrachte und oft auf den Plan setzte, Gustav Mahler, Béla Bartók, Max Reger und Hans Pfitzner, Edvard Grieg und Anton Dvořák – um nur einige zu nennen.

Das Berliner Philharmonische Orchester unternahm mehrere Konzertreisen, auch nach 1914; liest man die Programme und Kritiken jener Zeit, so gewinnt man den Eindruck, der Erste Weltkrieg habe gar nicht stattgefunden. Das Orchester ließ sich nicht in seiner Arbeit stören, und auch als im März 1919 in den Straßen Berlins der Spartakus-Aufstand tobte, musizierten sie unverdrossen. Am

8. März, der Generalstreik war ausgerufen, gab's Bruckners Symphonie Nr. 4, die «Romantische».

Als Arthur Nikisch am 23. Januar 1922 im Alter von 67 Jahren starb, widmete Gerhart Hauptmann ihm einen Nachruf, genauer: Seinen Händen, die er «zauberkundige Geschwister» nannte: «Die Rechte, die den Stab führte, bedeutete den Willen, das Weckende, das Beherrschende. Sie sprach das ‹Fiat›, es werde Licht! – und es ward Licht. Sie schied, ordnete das Chaos, sonderte Wasser, Erde, Himmel, Licht, Finsternis, unendlich viele Grade des Lichtes und der Finsternis. Sie weckte Stürme, ließ sie zu Orkanen anwachsen und gebot ihnen. Da verstummten jäh Luft und Meer. Luft und Meer waren ihr gehorsam. Aber die unvergeßliche Linke des Meisters, was tat sie? Sie weckte nicht, sie beschwichtigte! Sie gebot nicht, sie überredete! Sie eigentlich war es, die musizierte, sie eigentlich machte Musik, sie machte die Schöpfung der Rechten, Himmel, Erde, Licht, Finsternis, Meer und Sturm zur Musik.» Hatten jemals Zweifel bestanden, daß Gerhart Hauptmann an einen Gott glaubte, mit diesen Zeilen hat er sie ausgeräumt.

Auch der Nachfolger Arthur Nikischs wurde vergöttert, freilich nicht so sehr seine Hände, denn die stifteten anfangs nur Verwirrung. Das Orchester, von Arthur Nikischs leichtem unauffälligem präzisem Schlag verwöhnt, sah sich nun einem Dirigenten gegenüber, der seinen Willen nur sehr ungenau formulierte. Werner Oehlmann schreibt dazu: «Hochgewachsen, durch seine Schlankheit noch größer wirkend, als er wirklich war, stand er wie ein Herrscher über dem Orchester und leitete es mit weit ausgreifenden schwingenden Bewegungen, die den Takt eher zu verwischen als zu markieren schienen. Die rechte Hand taktierte weich und unauffällig, die Linke modellierte Melos und Klang, ballte Akkordmassen, setzte, emporgeschleudert oder niederfallend, dynamische Akzente; alles war gelöste, vibrierende, von exaltiertem Gefühl befeuerte Bewegung.» Gefürchtet war bei den Musikern der Niederschlag Wilhelm Furtwänglers. Zitternd, zackig sauste der Stab nach unten, ohne sichtbaren Endpunkt. Wäre der legendäre Kontrabassist Leberecht Goedecke nicht gewesen, das Orchester hätte manchen Einsatz verpatzt. Aber zur rechten Zeit vernahmen die Musiker einen besonders tiefen, von den Zuhörern nicht wahrnehmbaren Brummton, auf den sie mit wunderbarer Präzision reagierten.

Wilhelm Furtwängler, geboren am 25. Januar 1886 in Berlin als Sohn eines Archäologen, wurde von Privatlehrern unterrichtet und hatte schon früh den Wunsch, Komponist zu werden. Aber spätestens als er, 20jährig, in München seine erste und Bruckners neunte Symphonie dirigierte, wurde seine Begabung als Dirigent deutlich. Mit 25 wurde er Städtischer Musikdirektor in Lübeck, dann mit 29 Hofkapellmeister in Mannheim und mit 36 Jahren Chef des Berliner Philharmonischen Orchesters. Am 8. Oktober 1922 trat er sein Amt an.

Das Berlin jener Zeit war das Zentrum eines geistigen und kulturellen Lebens, wie es Deutschland nie zuvor gesehen hatte und wohl niemals wieder sehen wird. Auf dem schwankenden Boden wirtschaftlicher Depression und politischer Unruhe blühte eine kraftvolle Vielfalt weltstädtischer Ereignisse, deren Chronik, selbst beschränkt auf musikalische Höhepunkte, Bände füllen müßte. So schnell wie das Berliner Philharmonische Orchester unter Wilhelm Furtwängler bald neue Höhen des Erfolgs erreichte, es war doch nur eine Stimme im großen Konzert des Berliner Musiklebens. An der Kroll-Oper dirigierte Otto Klemperer, an der Staatsoper Unter den Linden Richard Strauss, an der Städtischen Oper Charlottenburg Bruno Walter, der auch regelmäßig Konzerte mit den Berliner Philharmonikern gab, legendär seine Einstudierungen von Mozart und Mahler, und Legende auch das Konzert am 12. April 1929. Da spielte der zwölfjährige Wunderknabe Yehudi Menuhin an einem Abend drei der schwierigsten Violinkonzerte und er spielte sie so, wie sie noch niemand gespielt hatte: Das Violinkonzert in E von Johann Sebastian Bach und die großen Violinkonzerte von Brahms und Beethoven. Der Kritiker Alfred Einstein kam nach dem Konzert in die Garderobe und sagte nur: «Jetzt weiß ich, daß es im Himmel einen lieben Gott gibt.»

Nicht alle Konzerte wurden so begeistert aufgenommen. So kann der 7. Februar 1924 als der Tag gelten, an dem zum ersten Mal ein Pfeifkonzert in der Berliner Philharmonie ertönte. Bis dahin hatte das Publikum sich darauf beschränkt, gelegentliches Mißfallen durch Zischen kundzutun. Aber als nun der 38jährige Wilhelm Furtwängler Igor Strawinskys «Sacre du Printemps» aufführte, explodierte der Unwillen im Saal zu nie gehörter Polyphonie. Pfiffe, Buhrufe und Schlüsselklappern, Protest! Trotzdem drang Wilhem Furtwängler unverzagt und unverdrossen weiter ins Neuland der Moderne vor. Am 3. Dezember 1928 wagte er den Sturm auf die Bastille der abendländischen Musik, indem er die Zuhörer mit Zwölftonmusik konfrontierte: Arnold Schönbergs Variationen für Orchester, Opus 31. Auch das Publikum entwickelte völlig neue Töne. Zum ersten Mal hörte man Trillerpfeifen in der Philharmonie. Alban Berg, Anton von Webern, Arnold Schönberg, Paul Hindemith – die zwanziger Jahre waren auch für die Berliner Philharmoniker und ihren Dirigenten ein gewaltiger Sprung nach vorn. Niemand sah das Ende voraus. Niemand konnte sich vorstellen, daß die radikal fortschreitende Flurbereinigung der politischen Landschaft Anfang der dreißiger Jahre auch die Philharmonie betreffen könnte, daß es auch eine Machtergreifung in der Musik geben könne.

Bruno Walter, der angesehene und beliebte Dirigent, hielt es für eine lokalpolitische Schikane, als man ihn 1933 buchstäblich in letzter Minute daran hinderte, im Leipziger Gewandhaus ein Konzert zu dirigieren. Er reiste nach Berlin. Dort sollte er am 20. März 1933 wieder am Pult stehen. Aber auch hier unvermuteter Widerstand. Die Nazis drohten, sie würden in der Philharmonie alles kurz und klein schlagen, wenn «der Jude» dirigierte. Das Konzert wurde abgesagt. Richard Strauss sprang für den Kollegen ein. Auch Otto Klemperer konnte anfangs nicht glauben, daß es ihm nicht mehr möglich sein sollte, in Deutschland zu dirigieren. «Ich bin doch Katholik», sagte er einmal trotzig auf die Frage, ob er nicht mit Schwierigkeiten rechne. Aber die braunen Machthaber interessierte weder der katholische Glaube noch das musikalische Genie, sondern nur die «arischen» Großeltern des großen Dirigenten. Und die konnte er nicht vorweisen. Viele Künstler verließen damals Berlin. Wilhelm Furtwängler hatte durchgesetzt, daß der «Arierparagraph» auf sein Orchester nicht angewendet wurde. Aber diese Zusage wurde bald widerrufen. Drei Mitglieder des Orchesters, der Konzertmeister Simon Goldberg und die beiden Solo-Cellisten Nicolai Graudan und Joseph Schuster gingen in die Emigration. Bevor er Abschied nahm, fragte Bruno Walter seinen Kollegen Wilhelm Furtwängler, warum er nicht auch Deutschland verlassen wolle. «Ich bin ein deutscher Dirigent», sagte Wilhelm Furtwängler. «Das bin ich auch», sagte Bruno Walter.

Wilhelm Furtwängler glaubte sich in der braunen Gegenwart zurechtzufinden, weil er die Zukunft nicht voraussah und weil er seinen Einfluß vollkommen falsch einschätzte. Mutig trotzte der Dirigent dem Diktator. Er schrieb am 25. November 1934 einen aufsehenerregenden Artikel in der «Deutschen Allgemeinen Zeitung», der mit den Worten begann: «In gewissen Kreisen ist ein Kampf gegen Paul Hindemith eröffnet worden mit der Begründung, daß er für das neue Deutschland nicht tragbar sei. Warum? Was wirft man ihm vor?» Die Frage war rhetorisch. Furtwängler wußte, daß Hindemith den Nazis als «atonaler Geräuschemacher» verhaßt war und zu den Künstlern gehörte, deren Werke als «entartet» galten. Trotzdem schrieb er einen Artikel zu seiner Verteidigung. Allen Anfeindungen zum Trotz wollte Furtwängler Hindemiths Oper «Mathis der Maler» zur Aufführung bringen. Doch die gewissen Kreise fackelten nicht lange. Propagandaminister Joseph Goebbels schrieb einen Antwortartikel, der unmißverständlich klarstellte, daß den Anordnungen der Machthaber Folge zu leisten sei. Dem Staatsrat Furtwängler wurde die Aufführung der Oper vom Reichskanzler persönlich untersagt. Adolf Hitlers Antwort auf den Vorstoß des Dirigenten war eindeutig: «Schmeißt den Kerl raus!» Der Kampf um Hindemith war verloren. Wilhelm Furtwängler erklärte seinen Rücktritt als Leiter des Philharmonischen Orchesters, als Direktor der Preußischen Staatsoper und Vizepräsident der Reichsmusikkammer. Erich Kleiber, Generalmusikdirektor der Staatsoper, schloß sich ihm an. In einer bescheidenen Demonstration von Antifaschismus standen die Leute Schlange an den Kassen der Philharmonie und verlangten ihr Geld zurück, 180 000 Mark insgesamt.

Daß Wilhelm Furtwängler dann die Kurve nahm und in sein Amt zurückkehrte, bleibt ein brauner Fleck in der Biographie dieses aufrechten Mannes. Gewiß: Es gab kein Orchester, in dem so wenige Nazis saßen, und sie kamen auch nicht hinein, wenn sie nicht den musikalischen Anforderungen des Orchesters genügten. Wilhelm Furtwängler setzte, als das schon verboten war, noch die Musik des verfemten (jüdischen) Komponisten Felix Mendelssohn-Bartholdy auf den Plan, und noch 1938 riskierte er es, die «Musik für Saiteninstrumente, Schlagzeug und Celesta» des Antifaschisten Béla Bartók aufzuführen, der auch zu den «Entarteten» gehörte. Wilhelm Furtwängler schottete das Orchester, das nach Goebbels' Vorstellungen ein «Reichsorchester» werden sollte, gegen Übergriffe von außen ab, und es ist sicher auch seinem Einfluß zu danken, daß die seit 1903 bestehende vertraglich gesicherte künstlerische Selbstverwaltung des Orchesters nicht angetastet wurde. Verblüffend an den folgenden Jahren ist eigentlich nur die Normalität: – Die unbeirrbare, von Kriegswirren und Bombenhagel, weltweitem Blutvergießen und Feuerstürmen offenbar nicht beeinträchtigte musikalische Planerfüllung des Orchesters, einschließlich der Auslandsreisen. Die Musiker des Berliner Philharmonischen Orchesters blieben vom Wehrdienst befreit. Sie spielten weiter, als im Januar 1944 die Philharmonie durch einen Bombenangriff zerstört wurde. Sie drehten sogar noch einen Film, unter der Regie von Paul Verhoeven, der am 5.

Dezember 1944 uraufgeführt wurde. Sie spielten nachmittags, damit der Musikgenuß nicht durch den abends leider unvermeidbar gewordenen Bombenalarm beeinträchtigt wurde.

Im Februar 1945 mußten die Musiker, bevor sie auftreten konnten, Schutt und Scherben wegräumen, die nach einem Bombenangriff ihre neue Heimat, den Beethovensaal, fast unbespielbar gemacht hätten. In den ersten Tagen des April verfügte Joseph Goebbels, daß nun auch die Mitglieder des Philharmonischen Orchesters in den «Volkssturm» einrücken sollten. «Ich habe diesen Orchesterkörper auf seine einmalige Höhe gebracht! Durch meine Initiative und durch meine Geldmittel erst ist er zu dem geworden, was er heute in der Welt darstellt! Die nach uns kommen, haben kein Recht darauf! Mit uns kann er untergehen!» Albert Speer, der Nazi-Rüstungsminister, der diese Worte in seinen Erinnerungen festgehalten hat, schrieb auch, daß er es gewesen sei, der schützend die Hand über den kostbaren Klangkörper gehalten habe. Er ließ in den Wehrmeldeämtern die Papiere der Musiker vernichten, so daß sie ihre «kriegswichtige Tätigkeit» weiter ausüben konnten.

11. April 1945: Sonderkonzert für Reichsminister Speer, Schlußszene aus der «Götterdämmerung».

14. April 1945: Johannes Brahms, «Ein deutsches Requiem» im Beethovensaal.

30. Mai 1945: Ouvertüre zu «Ein Sommernachtstraum» von Felix Mendelssohn-Bartholdy. Der ist nun wieder erlaubt.

Die Schlacht um Berlin, Kapitulation, Befreiung vom Faschismus und neuer Anfang, nur eine kurze Irritation im philharmonischen Alltag. Drei Musiker sind in den letzten Kriegstagen ums Leben gekommen, zwei bringen sich mit ihren Familien um, acht müssen pausieren, weil sie in der NSDAP gewesen waren. Das Spiel geht weiter.

Wilhelm Furtwängler hat die letzten Tage des Krieges nicht in Berlin verbracht, er war in Wien gestürzt und hatte sich eine Gehirnerschütterung zugezogen. Jetzt durfte er sein Amt nicht antreten, bevor nicht in einem «Entnazifizierungs»-Verfahren seine Rolle im Dritten Reich untersucht wurde. Seine

Vertretung übernahm der 46jährige Leo Borchard, freilich nur wenige Monate. Am 23. August 1945 wurde er von einem amerikanischen Besatzungssoldaten erschossen. Noch nie war es so schwer, einen Dirigenten zu finden. Die großen Begabungen waren systematisch vertrieben, verjagt, seit Jahren verschwunden. Und die «arischen» Talente warteten allesamt auf ihre Entnazifizierung. In seiner Not vertraute sich das Orchester einem vollkommen unerfahrenen Anfänger an, dem Rumänen und Buddhisten Sergiu Celibidache, Jahrgang 1912, der nach dem Studium von Mathematik, Philosophie und Musik frisch von der Hochschule in sein hohes Amt gesetzt wurde, per Verfügung der amerikanischen Besatzungsmacht. Wie der eben 33jährige Dirigent es schaffte, aus dem Stand heraus mit dieser schweren Aufgabe fertig zu werden, ist eine große Leistung. Natürlich ragte der Schatten des Riesen Furtwängler immer noch bis Berlin. Aber Celibidache ging dennoch mutig daran, seinerseits Beethoven, die große Passion Wilhelm Furtwänglers, zu interpretieren und war ihm darin, wie mancher Kritiker befand, sogar ebenbürtig, «wenn auch ganz anders angelegt». Celibidache brachte die lang verstummten Werke von Tschaikowsky, Dvořák, Prokofieff und Schostakovitsch zu neuem Leben. Das Orchester spielte jetzt regelmäßig in einem Kino. Es war in den «Titania»-Palast gezogen, der für philharmonische Zwecke umgebaut worden war, und eine beklagenswerte Akustik hatte.

Das Musikleben ging weiter. Otto Klemperer kam zurück, Bruno Walter gab 1950 ein Konzert in Berlin. Alte Bekannte standen wieder am Pult. Karl Böhm, Eugen Jochum, Hans Knappertsbusch, Joseph Keilberth und Hans Rosbaud. Nur Wilhelm Furtwängler, seit 1947 «entnazifiziert», machte sich rar. Obwohl das Orchester, der Intendant und auch Sergiu Celibidache ihn immer wieder drängten, seine alte Aufgabe zu übernehmen, gab er in fünf Jahren bis 1951 nur 18 Konzerte (Wiederholungen nicht gerechnet) und widmete sich lieber seinen Kompositionen. Der späte Furtwängler war nicht mehr der alte. Manche Kritiker nannten ihn schlicht einen Reaktionär, weil er nun der Moderne brüsk den Rücken gekehrt hatte. Obwohl er nur selten am Pult stand, verfolgte er doch genau die Programmzusammenstellung des Orchesters und redete auch bei der Auswahl der Dirigenten kräftig mit. So galt seine besondere Sorge dem mehr als 20 Jahre jüngeren Dirigenten Herbert von Karajan, den er, daraus machte er kein Hehl, nicht besonders mochte.

Peinlich genau achtete er darauf, daß der Salzburger, der schon einen großen Namen hatte, nicht etwa anderen Gastdirigenten vorgezogen wurde. Er durfte nicht mit dem Orchester auf Reisen gehen und auch nicht mehr Konzerte geben als andere Dirigenten auch.

Am 30. November 1954 starb Wilhelm Furtwängler im Alter von 68 Jahren in Baden-Baden. Wieder war es Sache des Orchesters, einen Nachfolger zu suchen. Das Verhältnis zu Sergiu Celibidache, der oft als gefeierter Dirigent mit anderen Orchestern spielte und viel auf Auslandsreisen ging, war abgekühlt. Die Berliner Philharmoniker entschieden sich einstimmig für Herbert von Karajan, und der nahm «mit tausend Freuden» an, bestand aber darauf, daß sein Vertrag auf Lebenszeit gültig sei, «oder bis ich nicht mehr kann».

Geboren am 5. April 1908 in Salzburg als Sohn eines Chirurgen, hatte er zunächst eine Pianisten-Karriere vor Augen, entschied sich dann aber doch sehr bald für die Dirigentenlaufbahn. Mit 20 Jahren stand er in der Oper von Ulm vor einem Orchester, das aus 35 Musikern bestand, und schreckte trotzdem nicht davor zurück, mit diesem bescheiden instrumentierten Klangkörper Wagner-Opern einzustudieren. Nach sieben Jahren feuerte ihn der Intendant mit der Bemerkung, er solle zusehen, daß er woanders was bekomme. In Ulm würde er nur versauern.

Herbert von Karajan saß auf der Straße, schrieb monatelang Bewerbungen und Bittgesuche, um probeweise dirigieren zu dürfen – ohne Erfolg. Er hätte wahrscheinlich noch viel länger nach einem Job suchen müssen, wäre er nicht Mitglied der einzigen Partei gewesen, die damals über Karrieren befand. Herbert von Karajan war Mitglied der NSDAP. 1935 bekam er in Aachen den Posten eines Generalmusikdirektors, aber auch da hatte er es zunächst nicht leicht. Die Musiker waren gegen ihn, und die Presse auch. Energisch setzte er sich gegen alle Widerstände durch. Mit eiserner Konsequenz und großem Geschick baute er die Aachener Kapelle zu einem Top-Orchester aus und widerlegte bald jeden Verdacht, daß er seinen Erfolg allein dem Parteibuch zu verdanken habe. An seiner großen Begabung gab es keinen Zweifel, und sie sprach sich herum. In Wien dirigierte er 1937 Wagners «Tristan», und am 9. April 1938 stand er zum ersten Mal am Pult des Berliner Philharmonischen Orchesters und dirigierte Mozart, Ravel und die vierte Symphonie von Johannes Brahms. «Ein Berufener», jubelte die Kritik. Wilhelm Furtwängler wird sie gelesen haben.

Berufen wurde Herbert von Karajan auch an die Berliner Staatsoper, und zwar förmlich, durch ein Schreiben des stellvertretenden Intendanten, der ihm anbot, «die Bürger von Calais» von Rudolf Wagner-Régeny einzustudieren. Der 30jährige Aachener Generalmusikdirektor Herbert von Karajan ließ einen (erfundenen) Referenten schriftlich antworten, daß Herr von Karajan vorher die Bekanntschaft mit der Kapelle der Staatsoper machen müsse und es daher für angebracht halte, erst einmal drei große Opern zu dirigieren.

Heinz Tietjen, Generalintendant der Berliner Oper, staunte zwar über diese Anmaßung, aber er lud Herbert von Karajan ein. Am 30. September dirigierte der Berufene «Fidelio», und die Presse jubelte in gleichgeschalteter Begeisterung. Als dann, vier Wochen später, «Tristan» folgte, schrieb die «B. Z. am Mittag» die legendäre Titelzeile: «Das Wunder Karajan».

Sicher rührte Wilhelm Furtwänglers fast neurotischer Argwohn gegenüber seinem Salzburger Konkurrenten aus dieser Zeit. Vielleicht fürchtete er, daß ihm die NS-Führung da einen linientreuen Muster-Dirigenten vorsetzen wollte, an jenen Platz des Opernchefs möglicherweise, den er selbst 1935 mehr oder weniger gezwungen räumen mußte, und an den er bisher nicht zurückgekehrt war. Nun sah er, daß dort ein junger Dirigent Triumphe feierte, der sich nie mit der NSDAP angelegt hatte, und der offenbar zu Höherem berufen war. Und daß der junge Mann Wagners «Tristan», eine der schwierigsten Aufgaben für Dirigenten, auswendig und ohne Partitur dirigierte, konnte er in den Zeitungen lesen. Das Wunder machte weiter.

Gemeinsam mit Gustaf Gründgens inszenierte Herbert von Karajan Mozarts «Zauberflöte» als Märchenoper. Der Erfolg war überwältigend. Der Berliner Generalmusikdirektor Tietjen bot Herbert von Karajan den Posten eines «Staatskapellmeisters» an, aber der lehnte ab, wohl in der sicheren Erkenntnis, daß er unter den existierenden Konstellationen nicht die Nummer Eins geworden wäre, weder in der Oper noch im Berliner Musikleben. Er dirigierte noch eine Zeitlang Konzerte der Staatskapelle auf freiberuflicher Basis, dann wurde er, wieder einmal, arbeitslos, denn inzwischen hatte sich Aachen einen neuen Generalmusikdirektor gewählt.

Nach dem Krieg arbeitete Herbert von Karajan mit den Wiener Symphonikern, nahm mit dem London Philharmonia Orchestra Schallplatten auf und inszenierte regelmäßig Opern an der Mailänder Scala. Er war ein Reisender in Sachen Musik, der seine Auftritte wie einen Feldzug konzipierte, und dessen lückenloser Terminkalender seiner Zeit um viele Jahre voraus war. Denn Herbert von Karajan steuerte damals schon sein eigenes Flugzeug, um keinen Termin zu verfehlen. Für die Berliner Philharmoniker begann die Ära Karajan im Februar 1955 mit einer Amerika-Tournee, zu der ein amerikanischer Industrieller noch Wilhelm Furtwängler eingeladen hatte. Für Karajan war ihm sein Geld zu schade. Deshalb übernahmen die Stadt Berlin, das Auswärtige Amt in Bonn und das Zahlenlotto die Kosten. Die Amerika-Tournee des Orchesters wurde ein großer Erfolg, der sogleich – ein ungewöhnlicher Vorgang in diesem Geschäft – im Jahr darauf wiederholt wurde.

Herbert von Karajan wuchs schnell über den Schatten seines Vorgängers hinaus, übertraf ihn in vielem – und erreichte ihn nie, wenn diese stark vereinfachte Zusammenfassung eines Gelehrtenstreits erlaubt ist, der bis zum heutigen Tage andauert und wohl nie entschieden wird. Mag sein, daß Herbert von Karajan lieber Transparenz statt Transzendenz aus einer Partitur herausarbeitet, daß er einen «spürbaren Mangel an jenseitiger Hinwendung» zeige. So sagte es jedenfalls Wolfgang Stresemann, Sohn des ehemaligen Reichsaußenministers Gustav Stresemann und langjähriger Intendant der Berliner Philharmoniker. Er schrieb in seinen Erinnerungen über Herbert von Karajan: «Er will die Partitur weniger deuten als vollstrekken», und schildert dessen alles überstrahlendes Ego diplomatisch so: «Für die beglückende Aufgabe, die Sache eines anderen zur eigenen zu machen, ist er nicht geschaffen.»

Als Herbert von Karajan sein Amt antrat, spielte das Berliner Philharmonische Orchester noch im Saal der Hochschule für Musik in Berlin. Aber schon 1949 hatte sich eine «Gesellschaft der Freunde der Philharmonie» gegründet, ein bürgerlicher Bettelorden, der geduldig sein Ziel verfolgte, dem Orchester zu einer neuen, eigenen, schöneren Spielhalle zu verhelfen. In den ersten Jahren des Wiederaufbaus hatten die Berliner noch andere Sorgen, als den Bau eines neuen Konzerthauses voranzutreiben. Aber hartnäkkig mühten sich Eric Reger, Chefredakteur des «Tagesspiegels», und Rudolf Gleimius, Präsident der Zentralbank, darum, Geldmittel für den Bau einer neuen Philharmonie zusammenzubringen. Theodor Heuss, Konrad Adenauer und Berlins Bürgermeister Ernst Reuter traten der Gesellschaft bei. Private Spenden, Lotteriespiel, Tombolas und Wohlfahrtsmarken brachten endlich die erste Million. 1954 hatte der Senat einen vorläufigen Standort festgemacht, 1956 wurde ein Architektenwettbewerb ausgeschrieben, aber erst am 15. Oktober 1963 wurde die neue Berliner Philharmonie eingeweiht.

Heute hat der Bau des Architekten Hans Scharoun nichts von seiner Faszination eingebüßt. «Zirkus Karajani», wie ihn die Berliner bald flapsig nannten, ein schwungvoll in den toten Winkel an der Berliner Mauer gesetztes architektonisches Einzelstück, ein bißchen Zelt, ein bißchen Schiff, ein bißchen gebaute Musik; im Inneren eine Landschaft, ein Talkessel inmitten von bestuhlten Weinbergen, das Orchester umgeben von 2300 Zuhörern; die Wände aus dunklem Kambalaholz, die gezackte Unruhe der Brüstungen und Mauern aus weißem Jura-Kalkstein, wie Flugdrachen in der Luft stehende Reflektoren für den Schall, Leuchten, die zu tanzen scheinen, – nichts an diesem Saal ist schwer, wirkt überhaupt gebaut, alles ist Bewegung, scheint zu schweben wie ein Klang im Raum.

Als Herbert von Karajan den Saal zum ersten Mal betrachtete, «verriet sein Gesichtsausdruck beglückte Erschütterung», berichtet Wolfgang Stresemann. Auch andere Dirigenten waren erschüttert. George Szell nannte den Saal schlicht «eine Mißgeburt», nicht zuletzt wegen der unbefriedigenden Akustik. Unrecht hatte er nicht. Der Streicherklang versickerte stumpf im Tal zwischen den Weinbergen, und nur die Bläser kamen groß raus. Erst als Scharouns engster Mitarbeiter Edgar Wisniewski ein Podium konstruierte, das die Musiker nach Art antiker Amphitheater etwas anhob, legte sich die Kritik. Heute gilt der größte Konzertsaal Europas als vorbildlich, auch wegen seines Nachhalls von etwas mehr als zwei Sekunden, und er hat, pünktlich zum 750. Geburtstag der Stadt Berlin, einen zweiten Konzertflügel erhalten, einen architektonischen Kontrapunkt in gleicher Tonart, den Kammermusiksaal, den Hans Scharoun noch kurz vor seinem Tod 1972 skizzierte und den sein sensibler Nachlaßverwalter Wisniewski zu einem teuren Tempel der Tonkunst verzauberte; intimer, heller als die Erstausgabe, voller Charme und Beschwingtheit, eines der wenigen Bauwerke des 20. Jahrhunderts, dem man nachsagen könnte, daß der Himmel mit eingebaut wurde. Aber dieser Eindruck drängt sich auf, sobald das Klangerlebnis die Schaulust ergänzt.

Herbert von Karajan ließ es sich nicht nehmen, den Saal in einem Festakt mit Fernsehen und Vivaldi einzuweihen, doch ist der Weltstar nie ein Berliner

Dirigent geworden. Nie war er der einzige Klangzauberer in diesem Zirkus, obwohl er vertraglich gesichert hat, daß für seine Konzerte der Eintritt deutlich höher liegt, als für die jedes anderen Dirigenten. Trotzdem waren hier Sir John Barbirolli, Sir Thomas Beecham, Leonard Bernstein und Karl Böhm zu Gast, um nur einmal die großen Dirigenten mit B herauszugreifen, Daniel Barenboim noch nicht einmal mitgerechnet. Vicco von Bülow käme hinzu, der Humorist, bekannter als «Loriot», der gelegentlich einen Scetch mit den Philharmonikern einstudiert, ein Sproß des preußischen Adelsgeschlechtes, dem auch der erste große Dirigent des Orchesters, Hans von Bülow, entstammt.

Die vier großen Epochen des Orchesters, die sich mit den Namen Bülow, Nikisch, Furtwängler und von Karajan verbinden, waren immer mit bedeutenden Gastdirigenten, mit großen Solisten verknüpft. Das wird sich in der kommenden Zeit nicht ändern. Dirigenten kommen und gehen, der Name einiger weniger hallt nach, hat vielleicht noch in hundert Jahren einen Klang. Manches vertraute Gesicht unter den Musikern wird eines Tages fehlen, neue Gesichter rücken nach.

Die Zukunft der Philharmonie läßt sich unschwer deuten. Die Unsterblichen der Musik, Beethoven und Brahms, Mozart und Schubert, Bruckner, Mahler und all die anderen werden in ihr weiterleben; kaum vorstellbar, daß ihnen an dieser geweihten Stätte nicht höchste Ehre zuteil werden, auch in Zukunft. Aber als sicher gelten darf wohl auch, daß in der Berliner Philharmonie nie wieder während eines Konzertes Kartoffeln serviert werden.

Der tägliche Operndienst bleibt ihnen erspart, um so freudiger tauchen die Berliner Philharmoniker einmal im Jahr in den Orchestergraben, um bei den Osterfestspielen in Salzburg große Opern abzuliefern, hier den «Fliegenden Holländer».

«Parsifal», blau erstrahlt der Gral in Salzburg. Kritiker notieren, daß die Berliner Philharmoniker ihren Wagner nicht als «Donnerfestival», sondern mit einer «bisher unvorstellbaren Präzision des Leisen» spielen.

«Parsifal», Peter Hofmann im Wirbel der tanzenden Blumenmädchen. Ob Wagner, Verdi oder Mozart, Herbert von Karajan plant seine Operninszenierungen drei Jahre im voraus. Er braucht viel Zeit, arbeitet lange und intensiv und kümmert sich selbst

um jedes noch so unbedeutend erscheinende Detail.

Auch der deutsche Arbeiter- und Bauernstaat renoviert das kulturelle Erbe. Das neue Gewandhaus in Leipzig war kaum fertiggestellt, die Baumaschinen noch am Platz, da fühlte sich auch schon das Berliner Philharmonische Orchester in dem neuen Saal fast wie zu Hause.

Festkonzert zum Orchester-Jubiläum in der Philharmonie in Berlin. Der architektonische Geniestreich Hans Scharouns hat auch 20 Jahre nach seiner Fertigstellung nichts von seiner Faszination eingebüßt. Das Orchester ist umgeben von «Weinbergen», spielt

unter einem Zeltdach von 22 Meter Höhe und hat den größten Luftraum aller europäischen Konzerthäuser über sich. Aber das Publikum, 2300 Menschen im ausverkauften Haus, empfindet intime Nähe zur Musik wie nirgend sonst.

Fast 18 000 Abonnenten halten ihrer Philharmonie die Treue, und keiner räumt freiwillig den angestammten Platz. Die Jubiläumsausstellung im Foyer des Bauwerks bietet vielerlei Entspannung. Auf dem Bildschirm flimmert eine historische Aufnahme des legen-

dären Dirigenten Arthur Nikisch, der das Orchester von 1895 bis 1922 leitete.

Auch bei 105 Konzerten im Jahr ist das Zeremoniell niemals Routine: Konzertmeister Leon Spierer gibt dem Oboisten ein Zeichen. Der bläst auf seinem Instrument das «A» und die Musiker prüfen ein letztes Mal die Stimmung ihrer Instrumente. Dann wird es still und

sie warten nur noch auf
das Klappern der Tür,
durch die der Maestro
hereinkommt.

Prof. Michel Schwalbé setzt zum Solo an. Der langjährige Konzertmeister der Berliner Philharmoniker zählt zu den großen Geigern der Welt. Das «Heldenleben» von Richard Strauss hat er gespielt wie niemand sonst, sagen die Streicher des Orchesters.

Daß Peter Herrmann, Johannes Blau, Alfred Malecek und Horst Rosenberger an diesem Abend nebeneinandersitzen, ist Zufall. Stammplätze gibt es im Orchester nur für Konzertmeister und Stimmführer, die «ersten Pulte». Ob ein Streicher am zweiten oder vierten

Pult sitzt, entscheidet er spontan, wenn er aufs Podium kommt. «Bei uns wird in der letzten Reihe genauso gebolzt, wie am ersten Pult», beschreibt ein Musiker, was die Berliner Philharmoniker von allen anderen Orchestern unterscheidet.

Nach dem Konzert läßt Prof. Michel Schwalbé seine legendäre Bogenhand auf dem Haupt eines Bewunderers ruhen. Der Konzertmeister, Jahrgang 1919, hat inzwischen die Pensionsgrenze erreicht. Nur Dirigenten dürfen bis ins hohe Alter mit dem Orchester arbeiten.

Unvorstellbar, daß ein
Maestro in Rente
geht . . .

Der neue Kammermusiksaal, teures Schmuckstück unter den Tonhallen Deutschlands, am Tage seiner festlichen Einweihung mit Bundeskanzler, Bürgermeister, Bier und Buletten. Für die berühmten Kammermusikvereinigungen des Berliner Philharmoni-

schen Orchesters ist der Saal, vor allem wegen seiner Akustik, ein Geschenk. Kein Besucher kann sich dem Charme der beschwingten Raumgestaltung entziehen.

Man dankt. Die Hornisten verbeugen sich nach einem Soloauftritt. Viele Mitglieder des Berliner Philharmonischen Orchesters reisen auch als Solisten um die Welt oder spielen in Kammermusikvereinigungen, um ihr Spiel solistisch zu kultivieren. Diese «musikalische

Hygiene» ist unentbehrlich, sagen sie.

Nach dem Konzert. Die Reihen lichten sich im Salzburger Festspielhaus. Die Osterfestspiele, die Herbert von Karajan in Mozarts Geburtsstadt gründete, sind immer ein gesellschaftliches Ereignis, bei dem der internationale Jet-set den Ohrenschmaus in großer

Garderobe verkostet. Herbert von Karajan versteht es wie kaum ein anderer, das Gesellschaftliche mit dem Musikalischen zu verbinden.

Anne-Sophie Mutter gibt nach ihrem Konzert in Tokio Autogramme. Ihre japanischen Bewunderer stehen diszipliniert in einer Warteschlange an, bis sie den lachenden Violinschlüssel und den begehrten Namenszug im Programmheft haben.

Zwischen Dienst und Euphorie – Der philharmonische Alltag dauert ein Leben

Zufall ist es kaum, Fügung selten, was junge Menschen die Laufbahn eines Orchestermusikers einschlagen läßt. Die meisten entstammen Musikerfamilien oder zumindest einem Elternhaus, das musikalische Traditionen pflegt; mit vier, fünf, sechs Jahren tauchen sie hinein in den Ozean der Musik, um darin schwimmen zu lernen, und sind doch lange noch auf dem Trockenen. Andere Kinder spielen, um später zu lernen. Sie lernen, um später zu spielen; die Mühsal der Notenschrift, das Zählen im Takt, Metrik, Artikulieren, Phrasierung, Tongabe, den Bogenstrich auf dem widerborstigen Instrument, all das prägt eine Kindheit mit frühem Ernst. Früher, viel früher als andere Kinder erkennen sie den Zusammenhang zwischen Pflicht und Kür, begreifen sie ihren Lebensweg als Aufstieg, der dem Höhenflug vorangeht. Jeder Musiker hat irgendwann im zarten Alter erfahren müssen, daß seine Passion auch ein Opfergang ist.

Was können Eltern von ihrem Kind verlangen, dessen Begabung sie erkennen, dessen Talent ihnen den Konflikt aufbürdet, zwischen Kindheit und Karriere zu entscheiden? Der Mittelweg ist niemals golden; die Entscheidung für die Musik ist wohl immer eine Einschränkung des Kindseins. Wie weit geht die Elternherrschaft? Darf sie unbeschwerte Jahre in mühsame Stunden verwandeln? Wenn die Entscheidung fällt, dann immer in dem Bewußtsein, daß die Kinder es den Eltern einmal danken werden. Später, wenn sie keine Kinder mehr sind.

Dann und wann – selten genug – gibt es Wunderkinder, die mühelos, wie im Spiel, all das, was andere in redlichem Fleiß erwerben, von selbst erlernen, die – wie die Geigerin Anne-Sophie Mutter – schon mit acht Jahren beim Wettbewerb «Jugend musiziert» brillieren, deren einzige Schwierigkeit später vielleicht darin besteht, daß ihnen nie etwas schwergefallen ist. Die wenigen, die so raketengleich nach oben schießen, um dann in einsamer Umlaufbahn als Solist ihren Weg zu machen, wollen nie mehr im Sitzen spielen; der Weg in ein Orchester wäre für sie ein Weg zurück, ihre Klasse ist einsam.

Wohl jeder junge Musiker träumt davon, in diese Region der Weltmeisterschaftsspiele aufzusteigen, je nach Instrument wird dieser Traum sich aber auch an den Realitäten orientieren; eine Geige kommt höher hinauf als ein Kontrabaß und kaum jemand würde den Namen Isaak Stern kennen, wäre der ein Pauker oder Tubist. Für viele Geiger und Cellisten ist das Orchester die zweite Wahl, das Netz, in das ihr Traum von einer Solisten-Karriere gefallen ist. Den Bläsern geht es anders. Für sie gibt es viel weniger Literatur. Ein Klarinettist beispielsweise, der alle Möglichkeiten seines Instrumentes ausschöpfen will, kommt gar nicht umhin, in einem Orchester zu spielen. Ähnlich ist es bei der Oboe und beim Fagott, beim Horn und bei der Posaune.

Wer mit 20 Jahren in ein Orchester aufgenommen werden möchte, ist technisch oft schon in reifen Jahren, hat alles gelernt; da darf es an nichts mehr fehlen. Aber musikalisch steht er ganz am Anfang neuer Erfahrungen; vor ihm liegt der lange, mühsame Weg durch die Institution Orchester – ein Lebensweg. Der Prozeß der Anpassung in solch einen 100stimmigen Klangkörper, die Wandlung des musikalischen Ichs in ein Wir, geschieht nicht schmerzlos und ohne Reibung, sondern – bei diesem Orchester – unsanft und ohne Babypflege. Der Kontrabassist und Orchestervorstand Prof. Rainer Zepperitz vergleicht den Organismus der 115 Musiker mit einer hochtourig laufenden Maschine, in welcher jeder Neuling sofort im Tempo mitziehen muß.

Wer da hinein will, braucht nicht nur die solistische Variationsbreite eines Virtuosen. Er braucht einen starken Willen, gesundes Selbstvertrauen und eine dicke Haut. Die bekommt ein Musiker, wenn ihm der rauhe Wind der Lehr- und Wanderjahre um die Ohren weht, ein Vorspiel hier, ein Probespiel da, Wettbewerbe, Enttäuschungen, neue Hoffnungen, wochenlange, monatelange Konzentration auf ein neues Ziel, Unterrichtsstunden, Studium, Proben. Es gibt viele, die auf der Suche sind; die meisten wurden in Hochschulen und Akademien ausgebildet, andere haben sich in teuren Privatstunden auf die Prüfung vorbereitet, manche haben schon Erfahrungen in einem Orchester gesammelt, haben vielleicht auch schon zur Aushilfe bei den Berliner Philharmonikern gespielt, andere gehen noch zur Schule. Sie kommen von überall her, aus allen europäischen Ländern, aus Japan, Argentinien, den USA – die Welt der Musik ist klein geworden und Orchester wie die Berliner Philharmoniker gibt es in dieser Welt wenige, oder, wie manche sagen, nicht ein zweites Mal.

Die Musiker des Berliner Philharmonischen Orchesters haben in den 100 Jahren seines Bestehens ein Mitbestimmungsmodell bewahrt, um das sie andere Orchester beneiden. Daß sie, die Musiker, allein entscheiden, wer neu in ihre Reihen kommt, ist einmalig und wohl auch eine der tieferen Ursachen für das kollektive Selbstbewußtsein dieses Klangkörpers. Jeder, der in diesem Orchester spielt, weiß, daß die anderen für ihn gestimmt haben, daß eine deutliche Mehrheit, mindestens zwei Drittel des Orchesters, ihn dabei haben wollte. Diese unausgesprochene, in geheimer Wahl erworbene Zustimmung stärkt jedem von ihnen den Rücken, ist aber auch einer der Gründe für die Spielfreude und Begeisterung, die jeden altgedienten Tutti-Streicher immer wieder erfaßt und über die reinen Erfordernisse des konzertanten Dienstplans zu höchsten musikalischen Pulsfrequenzen aufrührt. Obwohl das Durchschnittsalter in diesem Orchester bei 46 Jahren liegt, obwohl 20 Herren die 60 schon überschritten haben, obwohl das Orchester zusammengenommen mehr als 4500

Jahre musikalische Erfahrung verkörpert, hat es einen ausgesprochen frischen, jugendlichen Sound. 20 Musiker über 60, das bedeutet auch, daß innerhalb von fünf Jahren 20 Stellen neu besetzt werden müssen, weil für die Philharmoniker die Altersgrenze erreicht ist.

Musikerstellen sind begehrt, eigentlich müßten die Anwärter in Berlin Schlange stehen, wenn zum Probespiel geladen wird. Daß es immer nur wenige sind, die sich auf den Weg machen, liegt an den hohen Ansprüchen, die das Orchester stellt. Allzuoft ist das Probespiel ein Wettbewerb, den keiner gewinnt.

Und dann riskiert es doch wieder der eine oder andere, und macht sich auf den Weg nach Berlin. Das Pflichtstück, das verlangt wird, sitzt bombenfest; die anderen, die man sich ausgesucht hat, auch; die kann man vorwärts und rückwärts. Nicht zu zählen, wie oft daran gefeilt wurde, in den Monaten der Vorbereitung auf diesen Augenblick. Unruhig, geistesabwesend und konzentriert warten die Anwärter in den Stimmzimmern hinter dem Podium. Der eine geht rastlos auf und ab, ein anderer sucht die Toilette, ein dritter sitzt wie versteinert da und scheint nichts, was um ihn her geschieht, wahrzunehmen. Sie stimmen ihre Instrumente, spielen sich warm, schweigen sich an, oder reden miteinander – ohne recht hinzuhören, was der andere sagt. Jeder ist hier allein.

Endlich wird einer aufgerufen. Die Tür klappt. Man hört, was er spielt, daß er unterbrochen wird, wieder ansetzt. Wie lange dauert das? Viel zu lange. Starren auf die Tür. Die Hände sind feucht, viel zu feucht. Die Luft ist trocken. Endlich geht die Tür auf. Der Name wird aufgerufen, der andere kommt einem blaß entgegen. Und dann steht man dort, allein auf dem Podium. Ein Musiker sitzt am Klavier, im Saal sitzen die Berliner Philharmoniker und warten. Warum ist der Mund so trokken? Warum sind die Knie so weich? Warum flattern die Finger? Es gibt Kandidaten, die in solcher Situation keinen Ton herausbringen, die alles vergessen, was ihnen im Schlaf geläufig war, denen die Noten davonschwimmen wie Kaulquappen. «Nun regen Sie sich man nicht so auf», sagt dann der Philharmoniker, der das Vorspiel leitet, «trinken Sie draußen einen Schluck Wasser, Sie werden sehen, dann geht es schon viel besser». Warum unterbrechen sie so schnell? Warum lassen sie ihn nicht ausmusizieren? Er weiß nicht, daß schwache Spieler oft mehr Zeit bekommen, länger geprüft werden. Die Philharmoniker machen sich die Entscheidung schwer.

Wie schwer, wurde deutlich, als sie die junge Klarinettistin Sabine Meyer ablehnten, die sich um die Stelle der Solo-Klarinette beworben hatte. Trotz ihrer 20 Jahre hatte sie, als sie den Philharmonikern zum ersten Mal vorspielte, schon solistische Erfahrung. Sie spielte das Klarinettenkonzert von Wolfgang Amadeus Mozart so frisch und vollendet, daß viele der Musiker beeindruckt, einige sogar begeistert waren. Fast hätte sie es geschafft, als erste Frau in diesem Orchester einen Platz zu bekommen; in der Abstimmung über ein Probejahr fehlten ihr nur wenige Stimmen. Um die Tür nicht vollends zuzuschlagen, luden die Musiker sie zu einem weiteren Probespiel ein. Sie spielte als Aushilfe im Orchester, nahm an Proben teil und ging mit den Philharmonikern auf Konzertreise. Der Chefdirigent, beeindruckt von ihrem solistischen Können, gab ihr Privatstunden und sagte ihr eine große Karriere voraus. Das Orchester versammelte sich, um erneut über sie abzustimmen und lehnte sie – fast einstimmig – ab. Wie konnte es dazu kommen?

Wiegt denn das Urteil des bedeutendsten Dirigenten der Gegenwart in so einem Fall nichts?

Doch, sagen sie. Es wiegt schwer. Er hat sich in der Beurteilung solistischer Fähigkeiten noch nie geirrt.

Irrt denn das Orchester?

Nein, sagen sie. Wer als Solist überzeuge, sei deshalb noch lange nicht der ideale Orchestermusiker. Es sei ein großer Unterschied, ob jemand vor dem Orchester spiele (was sie der jungen Kollegin jederzeit zutrauen würden) oder ob er mittendrin sitze. Da komme es auf das Mischungsverhältnis der Instrumente untereinander an, das sich bei den Holzbläsern, bei Flöte und Oboe, Fagott und Klarinette in langen Jahren eingespielt habe. Da seien sie von der Klarinette einen warmen, dunklen, fast gedeckten Ton gewohnt, und den habe die junge Kollegin auch bei längerem Zusammenspiel nicht entwickelt. Selbst jene, die anfangs für sie eingetreten waren, stimmten nun gegen sie.

Das Probejahr ist die schwerste Zeit, die ein Philharmoniker durchleidet, manche brauchen Jahre, um sich davon zu erholen, sich selbst wieder zu finden und den übermächtigen, gnadenlosen Druck dieser Zeit zu vergessen, die maßlose Anspannung, die darin liegt, in jeder Sekunde des Musizierens das Richtige zu tun, nicht nur gut zu sein, sonden sein Bestes zu geben, in jedem Konzert, in jeder Probe. Die unmenschliche Anstrengung, die darin besteht, keinen schlechten Tag haben zu dürfen, und bei allem, was man tut, auf unauffällige, aber spürbare Weise kontrolliert zu werden, Teil eines Kollektivs zu sein, umgeben von offenen Ohren, die jeden Fehler aufmerksam registrieren, ja danach zu suchen scheinen.

Dieses Jahr zu überstehen, erfordert nicht nur den Einsatz des ganzen technischen und musikalischen Kapitals bis an die äußerste Grenze, des ganzen Könnens, den sauberen Ton, den einwandfreien Strich, die fleckenlose Brillanz im Klang, die rhythmische Präzision, das unerbittliche Zählen, Zählen, Zählen, es erfordert vor allem das angstfreie, ungehemmte, riskante Ausmusizieren. Wer im Probejahr spielt, weiß vielleicht, daß er sich mal verspielen darf, man hat ihm gesagt, das ist nicht die Welt, aber wenn es dann doch geschieht, ist es für ihn ein Weltuntergang. Da kommt es vor, daß ein junger Musiker im Probejahr am Pult des Solo-Posaunisten im Bolero einen Einsatz verkiekst. Er fängt sich, spielt sein Solo zart, melodisch weich zu Ende, das Orchester rauscht darüber hinweg, und nichts würde mehr an diesen winzigen Patzer erinnern, wäre da nicht der hochrote Kopf eines 22jährigen, der in diesem Augenblick überall sitzen möchte, nur nicht hier.

Die Kollegen, die sich hinterher darüber unterhalten, urteilen hart. Irgendwann kommt der Bolero, sagen sie, das weiß jeder Posaunist, und da genügt es nicht, so schön zu spielen, wie man es sich nur wünschen kann. Zu diesem Job gehören auch Nerven. Posaunen müssen Mauern zum Einsturz bringen und Tote aufwecken am Tage des Herrn, da wird nicht gekiekst. Jeder muß mal ins kalte Wasser, sagen die Bläser – aber sie geben dem jungen Kollegen ein weiteres Jahr zur Probe, nicht aus menschlichen, sondern aus musikalischen Gründen, wegen seines unbestreitbaren Talents.

Einem anderen Kandidaten gehört die Sympathie des ganzen Orchesters, ein Vollblutmusiker, mit einem wunderbaren, warmen Ton und solistischer Kultur, einem Vibrato, das seinesgleichen sucht, und ein netter Kerl obendrein. Aber er macht den schwersten Fehler, den ein Kandidat im Probejahr machen kann: Er schleppt. Er hängt sich an. Er treibt nicht die Sache voran, sondern wartet, spielt einfühlsam und mit offenen Ohren, wie die anderen spielen, aber er läßt ihnen den Vortritt. Schweren Herzens stimmen sie gegen ihn.

Warum diese gnadenlose Härte ausgerechnet bei jungen Kollegen? Passiert es denn keinem von ihnen, daß er mal hängt, daß er irgendwann den Anschluß verpaßt?

Doch! Aber das ist es ja gerade. Wenn dann einer da ist, der wartet, der sich anhängt, das ist verhängnisvoll für die ganze Gruppe, dann geht auf einmal alles durcheinander.

Wie streng die Maßstäbe des Orchesters für die Aufnahme neuer Kollegen sind, zeigt, daß es nur wenige Philharmoniker-Kinder geschafft haben, einen Platz im Orchester zu erobern: 1969 der Solo-Flötist Andreas Blau, Sohn des Geigers Johannes Blau, und 1980 der Geiger Alessandro Cappone, Sohn des Bratschers Giusto Cappone. Außerdem spielen noch zwei Brüder im Orchester, der Cellist Peter Steiner seit 1948, der Bratscher Lutz Steiner seit 1962.

Und was erwartet eine Frau, die mit 23 Jahren in das Orchester aufgenommen wird? Die Schweizer Geigerin Madeleine Carruzzo ist die erste, die es geschafft hat, die 100jährige Alleinherrschaft der Männer zu überwinden und für ein Probejahr im Orchester zu spielen, ein guter Grund, sie nach ihren Erfahrungen zu fragen.

Sind die Berliner Philharmoniker frauenfeindlich?

Darüber möchte sie nichts sagen.

Fällt es ihr leicht, als einzige Frau unter 114 Männern zu musizieren?

Darüber möchte sie nicht reden. Sie mochte überhaupt nicht reden. Madeleine Carruzzo gab keine Auskunft, solange sie im Probejahr war, weil sie spürte, daß ihr alles schaden konnte, was sie aus dem Kreis der Männer herausgehoben hätte. Sie war eine Novizin, ihr Gelübde das Schweigen, denn die Anpassungszwänge des Probejahres gehen über die musikalische Einordnung hinaus. Auch das kollegiale Verhalten steht unter Beobachtung, und das ist verständlich.

Inzwischen ist sie, nach Beendigung ihres Probejahres, in dieses Orchester eingetreten. Damit nimmt sie in einer Lebensgemeinschaft Platz, die sie möglicherweise erst nach 35 Jahren verlassen wird, die länger währt als manche Ehe und nicht viel harmonischer verläuft, denn hier hat sie sich mit 114 Partnern fast hautnah zu arrangieren. Vor ihr, neben ihr, hinter ihr sitzen die anderen, so nah, daß sie die Schuppen auf dem Frack des Vordermannes zählen könnte, daß sie das Schnaufen der Anstrengung hört, mit dem die Männer um sie herum ihre Instrumente bearbeiten.

Kein Großraumbüro für 115 Menschen dürfte so möbliert sein, daß sich die Ellenbogen der Kollegen fast berühren; man würde Palmen arrangieren, breite Gänge und Durchlässe schaffen, Sichtblenden aufstellen und Fluchtnischen einrichten. Der Chef wäre ein Stockwerk höher, der direkte Vorgesetzte immer noch hinter Glas.

Aber hier hat sie den Chef direkt vor Augen, seinen Anordnungen ist unverzüglich Folge zu leisten. Und der Konzertmeister kehrt ihr zwar den Rücken zu, aber beobachtet sie mit den Ohren, und er ist so nah, daß sie ihn mit dem Bogen in den Nakken pieken könnte, wenn der Respekt ihr das nicht verbieten würde. So eng wie hier sitzt man nur auf einer Galeere.

Was erwartet eine Frau von 23 Jahren, die in dieses Orchester eintritt? 105 Konzerte im Jahr, Proben, Aufnahmen, Tag für Tag, Monat für Monat, Jahr für Jahr der gleiche Raum, die gleichen Gesichter, die Stühle, die Notenpulte mit den Stimmen, in denen Hunderte von Proben ihre Bleistiftspuren hinterlassen haben, der philharmonische Alltag mit den oft frustrierenden, ermüdenden Proben, Gast-Dirigenten die sich manchmal mühsam durch die Partituren arbeiten, unterbrechen, wenn es gerade loszugehen scheint, die falsche Einsätze geben, falschen Takt schlagen und ihre Unsicherheit mit Arroganz überspielen. Gereizte Stimmung in den Pausen, kollektive Depression, wenn ein Konzert daneben geht – auch das kommt vor – selbst wenn die meisten Zuhörer es gar nicht mitbekommen. Philharmonischer Alltag, das ist der tägliche Dienst, der mal ermüdend, mal kräftezehrend den Seelenhaushalt belastet, tagaus, tagein, wie Dienstnummern sagen sie es weiter, heute Bruckner neun, morgen Mahler vier. Tagaus, tagein mitziehen im Troß der Streicher, Tempo, Tempo; die feine solistische Sensibilität, um derentwillen sie aufgenommen wurde, fegt der Sturm der Streicher fort. Sie spielt erste Geige, aber 17 andere auch. Sie spielt so gut sie kann, engagiert, mutig, mit Gefühl, aber 17 andere auch, und die 16 zweiten Geigen, die 14 Bratschen, die zwölf Celli, die zehn Bässe, 70 Streicher insgesamt tun es genauso. Da wissen nur ihre engsten Nachbarn, wie sie spielt, was sie hineinlegt. Der Chef hört sie nicht heraus, niemand hört sie heraus, niemand darf sie heraushören, sie ist ein Siebzigstel, eingeordnet, übermannt.

Liegt es da nicht nahe, daß der Alltag des Orchesters irgendwann ihre musikalische Spontaneität in Routine wandelt? Daß ihre Individualität, ihre Formulierfreude unter den Zwängen kollektiven Gleichklangs verkümmern? Ist der philharmonische Alltag nicht auch ein idealer Nährboden für jene landläufige Dienstplanmentalität, die unauffällig allzu große Anstrengungen meidet?

Wäre die Philharmonie ein Katasteramt oder die Sozialbehörde, wäre die Notenschrift eine Baunutzungsverordnung oder ein Ministerialerlaß, wäre es nicht Musik, sondern Papier, das sie produzieren – die Philharmoniker wären wahrscheinlich längst der Versuchung erlegen, ihren Job so zu machen, wie man es Beamten nachsagt.

Aber weil es ein Klang ist, den sie erzeugen, weil jeder von ihnen von Kindheit an Musizieren mit Opfern verbindet, und Dienst auf ganz altmodische Weise mit Dienen, weil jeder von ihnen, und jeder für sich, das totalitäre System bejaht, dem sie sich unterwerfen, weil jeder von ihnen seinen musikalischen Beitrag nicht gering bewertet, sondern wichtig nimmt, und im glücklichen Fall auch stolz darauf sein kann; weil niemand es dabei beläßt, so gut zu sein, wie jeder andere auch, sondern nach Möglichkeit besser als die anderen, weil jeder für sich auf eine fast irrationale Weise die Hoffnung nährt, am bevorstehenden Abend über sich selbst hinauszuwachsen – mit den anderen – sich zu verlieren im totalen, berauschenden Erlebnis der Musik, deshalb ist der philharmonische Alltag so oft ein Fest, das sie begeistert feiern. Jedes Konzert ist Liebesmüh, ein Akt der Lust, der Hingabe und – wenn es gelingt – Spiel.

Wo liegen die Grenzen dieses Spiels?

Man kann nicht immer den ganzen, allerletzten Einsatz bringen, sagt einer von ihnen.

Warum nicht?

Man würde wahnsinnig.

Und wie hält man den Wahnsinn aus? Kann eine Kunst, die bis an das Äußerste geht, die Grenzen des Machbaren berührt, überhaupt Alltag werden?

Natürlich nicht. Es gibt Unterschiede. Aber man versucht es immer wieder neu.

Und was ist neu bei einem Stück, das hundertmal gespielt oder 50 Stunden geprobt wurde? Wie ist es möglich, das musikalisch auszuleben?

Es ist ein Rätsel, aber es geht immer wieder.

Es bleibt ein Rätsel, daß Streicher im Tutti nicht resignieren, sondern sich entwickeln, sich in Schulden stürzen, um für den Gegenwert eines Luxus-Eigenheims eine alte Violine zu kaufen, deren kostbarer Ton vielleicht das Ohr des Nachbarn erreicht, aber im Klang des Orchesters untergeht. Aber die neue Geige, deren besondere Feinheiten niemand vernimmt, öffnet dem, der sie spielt, den Weg zu neuer Begeisterung, sein

Glück klingt mit, sein Stolz trägt den Klang.

Doch alle Spielleidenschaft kann nicht verhindern, daß die Jahre des Orchesterdienstes die solistischen Qualitäten nicht fördern, sondern nivellieren. Deshalb haben sich innerhalb des Orchesters viele Streichquartette und andere Kammermusikervereinigungen gebildet. Wo sich die Gelegenheit bietet, brechen die Musiker aus, froh, die eigene Stimme nicht nur im Chor zu erheben, sondern um unbeschwert von der Machtausübung des Dirigenten, befreit vom Zugzwang der Gruppendynamik, das liebevolle Musizieren im kleinen Kreis auszukosten und dabei in höhere virtuose Regionen des Spiels zu klettern, die es in der großen Ebene der Orchester-Literatur so oft nicht gibt. Kammermusik, sagen sie übereinstimmend, ist musikalische Hygiene, es muß sie geben, damit die einzelnen Stimmen sich ausformulieren bis in die letzten Feinheiten des Flüstertons; die Literatur ist reich an Abwechslung und Abenteuern, die man als Orchestermusiker allein nicht erlebt. Ohne diese Ausflüge in den kleinen Rahmen wäre der Glanz im großen Rahmen dahin, die Stimme zwar nicht stumm aber stumpf.

Wenn der Lebenslauf der jungen Geigerin in den traditionellen Normen des Orchesters verläuft, wird sie sich irgendwann einem dieser Ensembles anschließen, oder auch ohne Anschluß die Gelegenheit ergreifen, Kammermusik zu machen, einen eigenen Kreis zu suchen. Sie wird dann nicht nur in Berlin auftreten, sondern mit anderen Musikern Konzerte im Bundesgebiet geben, in der Schweiz, in Frankreich, England, Japan, Israel, Kanada und den USA, unabhängig von den großen Reisen, die das Orchester in die Zentren des musikalischen Weltmarktes führt.

Sie wird vielleicht Schüler unterrichten, möglicherweise sogar Professorin werden, solche Vorhersagen sind natürlich nicht viel mehr als Spekulation auf der Basis von Erfahrungswerten. Vielleicht starrt sie auch in 20 Jahren auf den Bildschirm ihres elektronischen Stimmenspeichers und ändert per Tastendruck das Vibrato ihrer Digitalvideoline.

Wahrscheinlicher aber ist, daß sie auch als alte Dame noch die Saiten ihrer guten alten Geige auf «Geh Du Alter Esel» stimmt. Vielleicht ist dann sogar eine zweite Frau im Orchester, vielleicht blicken sie dann und wann zu einer Dirigentin auf. Wahrscheinlich ist, daß sie dann links nicht mehr allzugut hört, daß in ihrem Brustkorb die Rippen links enger zusammenstehen als rechts, und wenn sie Pech hat, trifft ihr Bogen die Saite nicht mehr so sicher wie in jungen Jahren. Sie wird dann darauf achten, nicht direkt an der Rampe zu sitzen, sondern einen Stuhl weiter hinten zu finden, wenn sie aufs Podium tritt.

Auch das beste Orchester der Welt kann nicht das Naturgesetz überwinden, nachdem die Kräfte eines jungen Menschen mit den Jahren nachlassen. Ausgenommen hiervon sind nur Dirigenten. Kein Musiker ist frei von der Angst, die ihn im Alter beschleicht, der Angst, zu versagen, nachzulassen in der Leistung, die Stimme zu verlieren. Niemand weiß genau, ob es allein die nachlassende Kraft oder die zunehmende Angst oder eine verhängnisvolle Kombination von beidem ist, was am Ende den Bogen wackeln läßt.

Niemand wird darüber ein Wort verlieren. Niemand verübelt einem Trompeter, der in die Jahre gekommen ist, daß er die hohen Töne nicht mehr gern spielt. Ein kurzer Blick, ein unauffälliges Nicken, und der Jüngere bläst die Noten, die bei dem Älteren in der Stimme stehen. Auch das ist philharmonischer Geist.

Vormittags, kurz vor zehn Uhr. Dienstbeginn in Oxford. Auch auf Konzertreisen wird jeden Tag geprobt. Die Musiker lieben die tägliche Fron nicht besonders. Aber Höchstleistungen, sagt Karajan, seien immer ein Sieg über die menschliche Trägheit.

Nach hundert Jahren die erste Frau im Orchester! Die Schweizerin Madeleine Caruzzo, Jahrgang 1960, durfte nach bestandenem Vorspiel für ein Jahr mit den Berliner Philharmonikern spielen. Sie mußte damals jeden Abend den Platz wechseln, damit alle

Kollegen sie begutachten konnten. Nach Ablauf des Jahres entschied das Orchester über ihre berufliche Zukunft. Sie bekam in geheimer Abstimmung die erforderliche Zweidrittelmehrheit und ist seither festes Mitglied des Orchesters.

Das zweite Instrument jedes Orchestermusikers ist der Bleistift, mit dem Notizen in die «Stimme» geschrieben werden. Unsichtbar für Dirigent und Publikum klemmt er, angespitzt und mit dickem Radiergummi, am Instrument des Solo-Hornisten Gerd Seifert. Auf das

Patent ist er stolz. Die
Klemme stammt von
einem Schuhspanner.

Nur ein wirklich großer Musiker kann Baßposaune spielen: Wenn Heinz-Dieter Schwarz den Zug seines Instrumentes bis zum Kontra-C ausfährt, reicht der Arm gerade aus.

Die Bläser der Berliner Philharmoniker bei einer Probe. Solo-Flötist Andreas Blau bläst sich ein, neben ihm diskutiert Solo-Oboist Lothar Koch mit Oboist Heinrich Kärcher, Gerhard Stempnik wirft einen kritischen Blick auf das Rohr seines Englisch-

horns. Hinter ihm wartet Fagottist Siegfried Henneberg, sein Nachbar Henning Trog hängt die Jacke über den Stuhl, Solo-Fagottist Günter Piesk setzt die Brille auf und Sabine Meyer, als Aushilfe auf dem Stuhl des Solo-Klarinettisten, setzt ihr Instrument zusammen.

Intermezzo aus dem Cellokonzert in d-Moll von Eduard Lalo. Die kanadische Cellistin Zara Nelsova gibt ein Gastspiel bei der «Philharmonischen Revue» zum 100jährigen Bestehen des Orchesters. Zum Geburtstag des Klangkörpers kamen viele Weltstars geflogen.

Ottomar Borwitzky, Erster Solo-Cellist und Stimmführer der zwölf berühmten Cellisten, genießt den Rang eines Konzertmeisters.

Bei einer Probe warten Prof. Michel Schwalbé und Leon Spierer auf den Dirigenten. Sie sitzen übrigens nur nebeneinander, wenn Herbert von Karajan im Hause ist, denn er besteht – als einziger Dirigent – auf die Anwesenheit zweier Erster Konzertmeister am ersten Pult.

Die Baßgruppe der Philharmoniker, hier der Solo-Bassist Prof. Rainer Zepperitz, beeindruckt durch ihren körperlichen Einsatz. Fragt man einen Bassisten, was sein Orchester von allen anderen unterscheide, sagt er nach einer Weile: «Wir haben den größten Wumm.»

Solo-Oboist Hansjörg Schellenberger prüft seine selbstgemachten «Rohre», die empfindlichen Mundstücke aus Rohrholz. Er verbraucht sechs Stück im Monat, manche halten nur einen Abend, und das sind oft die besten.

Prof. Voglers Nähstunde. Der Pauker Oswald Vogler näht in seinem Hotelzimmer den Filz auf seine Schlegel. Die Bambusrohre hat er sich auf 38 Zentimeter Länge zurechtgeschnitzt. Dann erhalten die Köpfe aus verschiedenen Korksorten, mit und ohne Holzein-

lage, eine Ummantelung aus Flanell oder Filz. Sechs Stunden braucht er, um seine Schlegel richtig weich zu spielen. Welche er wählt, ist von der Saal-Akustik abhängig.

Harmonie unter Männern, Glückwünsche zum Geburtstag. Der Geiger Alexander Dietrich überreicht dem Orchesterwart Hans Czeslick Blumen zum Geburtstag.

Kammermusik in Zimmerlautstärke. Anne-Sophie Mutter spielt sich in ihrem Hotelzimmer in Tokio nach einigen Tonleitern, Läufen und Akkordfolgen quer durch die Literatur von Bach über Bruch zu Beethoven. Ihre kostbare Stradivari zählt zu den fünf besten Geigen der

Welt. In der Hand eines nur mittelmäßig guten Spielers wäre ihr kein besonderer Ton zu entlocken, der sie von anderen Instrumenten unterscheidet, sagt Herbert von Karajan.

Ein Musiker wartet im Zimmer Herbert von Karajans auf ein Gespräch mit dem Chef. Der Dirigent bezeichnet sein Verhältnis zum Orchester oft als väterlich. «Sie sind wie Kinder», sagt er über die Musiker, «ich lasse sie spielen.»

Gastdirigenten – Die Verzückten sind die Schlimmsten

Es gibt keinen Gesprächsstoff, der Orchestermusiker so oft beschäftigt, kein Thema, über das sie so leidenschaftlich streiten und über das sie in langen, oft überlangen Nächten nur zu gern diskutieren, wie über Dirigenten. Wenn die Pultstars alles hören würden, was in den Stimmzimmern oder abends beim Bier über sie geredet wird; viele von ihnen könnten daraufhin eigentlich nur noch ihren Beruf an den Nagel hängen.

Einen Weltstar, dem das Publikum zu Füßen liegt, nennen sie ein «G'schroarmaul», das nie über die Kreisklasse hinausgekommen sei, ein anderer ist für sie ein «gespitzter Bleistift, aber mehr nicht». «Ruderer», «Taktschläger», «Tanzbär» oder «Schaumschläger» sind noch die milderen Urteile, mit denen die Musiker sich Luft machen. Das Urteil schwankt, und es ist auch nicht einhellig. «Wenn der kommt, schieße ich mir eine Kugel in den Kopf, dann ist alles aus.» «Der ist Spitze, der einzige, der wirklich als Nachfolger von Karajan in Frage kommt!» – Zwei Musiker über den gleichen Dirigenten.

Das Verhältnis des Berliner Philharmonischen Orchesters zu seinen Dirigenten ist kompliziert und sensibel, es unterliegt Stimmungen und der schwankenden Tagesform; der Seismograph der Gefühlsskala zittert unentwegt zwischen Sympathie und Ablehnung, Bewunderung und Verachtung. Wie können sie als selbstbewußte, tonangebende Topmusiker damit leben, daß ihnen fahrplanmäßig Programme und Dirigenten vorgesetzt werden, denen sie bedingungslos zu folgen haben. Wie halten sie das aus? Haben sie nicht oft den Wunsch sich aufzulehnen? Macht es ihnen nichts aus, sich dem Diktat eines angereisten Jungdirigenten zu beugen?

Ach was. Sie sitzen doch in einem Boot. Wenn so ein junger Mann daherkommt, der einen Dirigentenwettbewerb gewonnen hat und nun vor lauter Aufregung vergißt, die «Eins» zu schlagen, dann fangen sie halt von selber an. Sonst würde der arme Kerl ja heute noch da stehen. Sie haben einen Ruf zu verlieren. Wenn ein Dirigent Mist macht, braucht das niemand zu merken. Wenn das Orchester Mist macht, merkt es jeder.

Ein Dirigent ohne Orchester ist nicht viel mehr als eine komische Figur – und eine tragische dazu. Erst das Orchester verleiht ihm Macht, Würde, Autorität, Faszination. Das Orchester ist die Stromquelle, die ihn strahlen läßt; erst die «Menschenharfe» macht ihn zum Musiker. Aber sie wehren sich dagegen, ein Instrument zu sein, ein Klangkörper ohne Kopf. Ein Instrument hat keinen Willen, ist nicht schöpferisch. Allenfalls kann jemand, der damit nicht umzugehen weiß, es als störrisch empfinden; in diesem Punkt unterscheiden sich die Berliner Philharmoniker nicht von einem Instrument, jedenfalls nicht bei den Proben. Da müssen sie zusammenfinden, Dirigent und Orchester, und sie haben nur wenig Zeit dazu.

Drei Proben, sagen die Musiker, das ist leider viel zu wenig, wenn einmal ein großer Dirigent vor ihnen steht. Er hat kaum Zeit, seine Vorstellung zu skizzieren und muß mehr oder weniger darauf vertrauen, daß die Berliner Philharmoniker sie verwirklichen. Drei Proben, sagen die Musiker, das ist leider viel zu viel für jene Dirigenten, mit denen das Arbeiten nicht lohnt.

Die größte Verachtung reservieren sie für die Heuchler, die bei der ersten Probe schon nach 15 Minuten verzückt die Augen schließen und so tun, als würde der große goldene Klang des Orchesters sie in den siebten Himmel tragen. Dabei bleiben die Berliner Philharmoniker bei den Proben ganz gemütlich auf dem Teppich, das muß so sein, sagen sie, das ist ein gewisser Selbstschutz. Es ist kein Publikum im Saal, da legen sie nicht alles hinein, und wenn der Mann am Pult noch so glücklich der Wirklichkeit entschwebt.

Ähnlich wie die Verzückten verhalten sich die Toleranten, die Gutmütigen. Aufmerksam hören sie in das Orchester hinein, in der Erwartung, daß die musikalische Phantasie, der berühmte Schönklang der Berliner Philharmoniker, ihnen neue musikalische Erlebniswelten erschließen. Sie lassen das Orchester spielen, überlassen ihm die Entscheidung und die Initiative, wohl wissend, daß kein Musiker es gern hat, wenn man ihn unterbricht. Wenn es dem Dirigenten dann nicht gelingt, mit seinen Bewegungen, seinen Gesten, seinem Atem die Führung zu übernehmen, dem Orchester voraus zu sein und es mit jeder Geste seiner Körpersprache zu überzeugen, dann hat er die Partie verloren. Das Orchester wird in ihm nicht viel mehr sehen als einen Opportunisten, dessen Verrenkungen das Konzert nicht beeinflussen und ihr Spiel nicht aufladen. Er ist, wenn die Schlacht kommt, der Tambourmajor, aber nicht der General. Und auch wenn das Orchester sein Bestes gibt, immer wird dem Konzert etwas Entscheidendes fehlen: Die erkennbare persönliche Interpretation.

Andere Dirigenten kommen selbstbewußt und mit einer klaren eindeutigen Vorstellung, wie das Konzert auszusehen habe, zur Probe. Sie sagen dem Orchester, was sie sich vorstellen, und versuchen immer wieder zu erklären, wie sie sich die Sache denken; aber es ist, als reden sie gegen eine Mauer. Die Berliner Philharmoniker sträuben sich instinktiv gegen die Dozenten auf dem Pult, die «Schwätzer» sprechen nicht ihre Sprache. Sie schätzen es, wenn ein Dirigent mit den Händen spricht, mit den Augen flucht und mit dem Stab erklärt, wo es lang geht. Und sie haben einen untrüglichen Blick dafür, wenn er in dieser Sprache stottert oder lügt.

Da gibt es den Kumpel-Typ, der gleich «Du» zu ihnen sagt, wenn er zu ihnen ins Boot steigt, der Wir-werden-das-Schiff-schon-schaukeln-Charakter. Aber der staunt bald über die Flaute und rudert ganz allein.

Da gibt es den Partitur-Sponti, der einen Einsatz gibt, und dann doch das Stöckchen fallen läßt, weil er ganz schnell noch erklären möchte, was ihm gerade eingefallen ist. Er weiß nicht, was es für einen Bläser bedeutet, sich auf ein Einsatzzeichen hin aufzuladen, Luft zu holen, seinen ganzen Organismus in Spannung zu setzen und dann absetzen zu müssen. Er weiß nicht, warum das Orchester plötzlich so unkonzentriert und geschwätzig ist, warum niemand mehr richtig zuzuhören scheint.

Fragt man die Musiker, was sie denn eigentlich von einem Dirigenten erwarten, fällt ihnen die Antwort schwer. Es ist viel einfacher, ihre Wünsche aus dem Negativkatalog zu filtern, den sie in langen Jahren angesammelt haben. Nun ja, sie erwarten einen Meinungsaustausch. Wenn der ausbleibt, weil der Gast keine eigene Meinung hat, sind sie frustriert. Sie wollen die Auseinandersetzung, die Spannung. Sie erwarten von dem Dirigenten, nachdem der technische Ablauf klar, die Noten «gefressen» sind, daß auch er über das Technische hinauswächst, daß er sich nicht damit begnügt, die einzelnen Orchestergruppen zu koordinieren. Wenn sie ein neues Stück einstudieren, weiß er mehr als sie. Jeder von ihnen kennt nur seine Stimme, seinen Part. Aber er kennt die ganze Partitur, er sollte sie kennen. Er sollte eine differenzierte Klangvorstellung haben. Und wenn er das Orchester hört, muß er die Überzeugungskraft besitzen, seine Klangvorstellung mit der des Orchesters zur Deckung zu bringen.

Sie erwarten, daß er sie an die Hand nimmt und daß er sie seinen Gedanken folgen läßt, daß er ihnen seinen Weg zeigt und auch weiß, wie er sie dahin bekommt, daß er ihre Hoffnung auf ein großes Erlebnis erfüllt. Musik, sagen sie, ist immer ein Rätsel. Und es ist gut, daß es viele Wege gibt, es zu lösen.

Es ist nicht einfach mit ihnen, das wissen sie. Und selten gelingt es einem Gastdirigenten wie Leonhard Bernstein, sie in vier Proben zu einer Mahler-Neun zu bringen, wie sie sie noch nie erlebt haben. Es gibt Gastdirigenten, die bei ihnen großen Respekt genießen. Sir John Barbirolli und Karl Böhm haben sie verehrt. George Szell hat ihnen imponiert. Riccardo

Muti, Seji Ozawa, Claudio Abbado, Zubin Mehta, Daniel Barenboim, James Levine, allein über die Rangfolge dieser fünf Namen können sie stundenlang streiten.

Sie haben unter Herbert von Karajan eine Kultur des «Legato»-Spiels entwickelt, die Kunst, eine Melodie ohne Bruch in großen Bögen zu spielen, die manchen Gastdirigenten ausgesprochen phantasielos macht. Aber es gibt auch große Dirigenten, die es ihnen schwer machen, Phantasie zu entwickeln, weil sie eine starke eigene Vorstellung mitbringen. Ein solcher Dirigent ist Lorin Maazel: Ein Musiker, dem es an nichts fehlt, ein Musterbeispiel an technischer Präzision, an musikalischer Perfektion, dem sie mühelos folgen, weil jeder Auftakt sitzt, jeder Einsatz stimmt und die Pizzicati klar gegeben werden. Ein genialer Dirigent. Einer, der unmißverständlich ausdrücken kann, was er will, ein korrekter Impulsgeber, dem sie sich in jeder Phase des Musizierens anvertrauen, voller Ideen, die sie sofort begreifen. Aber das Problem ist: Weil er es ihnen so leicht macht, sagen sie, entlastet er sie von ihrer Verantwortung.

Herbert von Karajans ungenaue Zeichengebung, seine oft nur vagen Andeutungen haben sie dazu gezwungen, sich aufeinander einzuspielen, sich mit den Blicken zu verständigen. Er nimmt ihnen die Verantwortung des gemeinschaftlichen Musizierens nicht aus der Hand, sondern überläßt sie in vielem sich selbst. Bei ihm sind sie immer auf der Suche, Maazel dagegen brauchen sie nur anzublicken. Jeder bekommt sein Zeichen. Nichts läuft ohne ihn. Alles läuft auf ihn zu. Und deshalb empfinden sie bei den Konzerten unter seiner Leitung oft kalten Glanz. Karajan und Maazel, zwei Prinzipien, zwischen denen sich alle anderen mehr oder weniger gekonnt bewegen. Und manche Berliner Philharmoniker lassen keinen Zweifel daran, an welchem Ende der Skala sie sich wohler fühlen. Dort, wo sie sich ausleben können, wo sie musizieren, wie es ihnen Spaß macht, wo sie ihre Stimmen singen lassen.

Lorin Maazel dirigiert das Konzert für Viola und Orchester von Béla Bartók, Solist ist Wolfram Christ. Unter den Gastdirigenten genießt Maazel beim Orchester hohen Respekt. Er sei technisch perfekt, genial und sensibel, sagen die Musiker, und etwas kühl.

Weil er es satt habe, dem Publikum immer nur den Rücken zuzuwenden, dirigiert Yehudi Menuhin eine – freilich reduzierte – Fassung von Beethovens Fünfter Sinfonie mit den Füßen. Der Kopfstand des damals 67jährigen Violin-Virtuosen war ein Heiterkeits-

erfolg der «Philharmonischen Revue» im Mai 1982 in Berlin.

Eugen Jochum

Der Dirigent war ein alter Vertrauter des Orchesters, kein Star, sondern ein Musikant, dessen Bescheidenheit sie respektierten und bewunderten. Er diente nur der Musik, sagen

sie. Hier dirigiert er die 6. Symphonie von Anton Bruckner. 1987 starb er im Alter von 84 Jahren.

Daniel Barenboim

Der israelische Pianist und Dirigent, geboren 1942 in Buenos Aires, konzertierte schon als siebenjähriges Wunderkind mit Beethoven-Sonaten am Klavier. Mit 25 wurde er Chefdirigent des English Chamber Orchestra, 1975 übernahm er das Orchestre de Paris. Barenboim stand 1969 zum ersten Mal als Dirigent vor dem Berliner Philharmonischen Orchester.

Vicco von Bülow

Vicco von Bülow entstammt zwar dem weitverzweigten preußischen Adelsgeschlecht des ersten Dirigenten der Berliner Philharmoniker, Hans von Bülow, zählt sich aber nicht zu den ernsthaften Bewerbern um die Nachfolge Herbert von Karajans. Von Bülow, bekannter unter dem Namen «Loriot», arbeitet nur gelegentlich mit dem Orchester und dann in seiner Eigenschaft als Humorist.

Seiji Ozawa

Seiji Ozawa, häufiger Gast in Berlin, ist ein beliebter Dirigent beim Orchester. Geboren 1935 in Mugden in der Mandschurei, gab er nach dem Studium von Klavier, Komposition und Dirigieren mit 24 Jahren in Tokio sein erstes öffentliches Konzert als Dirigent und wurde als Chef des Toronto-, San Francisco- und Boston Symphony-Orchestra einer der erfolgreichsten Pultstars der jungen Generation.

Ricardo Muti

Unter allen Gastdirigenten des Berliner Philharmonischen Orchesters genießt Ricardo Muti, Neapolitaner vom Jahr 1941, wohl den meisten Respekt; viele sehen in ihm einen «Duce», wie sie sagen, den geborenen Orchester-Tyrannen, einige gar einen zweiten Toscanini. Muti leitete zunächst das London Philharmonia Orchestra, bevor er das Philadelphia Orchestra und 1981 die Mailänder Scala übernahm.

Krzysztof Penderecki

In der Reihe «Musik des zwanzigsten Jahrhunderts» dirigiert der polnische Komponist Krzysztof Penderecki seine Symphonie Nr. 2. Für viele seiner Kompositionen reicht das Instrumentarium des Orchesters nicht aus, etwa, wenn der Meister das Knirschen gesägten Holzes oder das Klappern einer Schreibmaschine verlangt.

Maurizio Pollini

Der Mailänder Klaviervirtuose Maurizio Pollini, Jahrgang 1942, dirigiert drei Mozart-Klavierkonzerte vom Flügel aus. Ginge es nach den Musikern des Berliner Philharmonischen Orchesters, könnte er sich die Mühe sparen. Für Mozart, sagen viele von ihnen, brauche man keinen Dirigenten.

Yehudi Menuhin

Yehudi Menuhi zählt zu den treuen Freunden des Orchesters, auch wenn er das Instrument beiseite legt und zum Taktstock greift. Als er zum ersten Mal mit den Berliner Philharmoni-

kern konzertierte, spielte er drei Violinkonzerte von Bach, Brahms und Beethoven an einem Abend. Es war der 12. April 1929, Menuhin war zwölf Jahre alt.

Mstislaw Rostropowitsch

Auch der russische Cellist Mstislaw Rostropowitsch, geboren 1927, ist Dirigent aus Leidenschaft. Mit 30 war er Professor am Moskauer Konservatorium. Im Oktober 1964 spielte er zum ersten Mal mit dem Berliner Philharmonischen Orchester. Als Dirigent steht er vor kritischen Geistern: Bei aller Gastfreundschaft mißt das Orchester jeden, der sich in Berlin ans Pult wagt, an Herbert von Karajan.

Hans Werner Henze

Hans Werner Henze dirigiert seine «Barcarola für großes Orchester» und bringt die «Befreiung» von Hans Abrahamsen als Uraufführung mit in die Philharmonie. Seit 1962 dirigiert der Komponist Uraufführungen seiner Werke in Berlin. Die Berliner spielen die Musik des 20. Jahrhunderts häufiger als andere Orchester, und sie tun es, wie eine interne Umfrage ergab, gern.

James Levine

James Levine, 1943 in Cincinnati (Ohio) geboren, lernte das Klavierspiel bei Rudolph Serkin und Dirigieren bei George Szell, wurde mit 21 Jahren Stellvertretender Dirigent des Cleve-

land Orchestra. 1973 wurde eigens für ihn an der New Yorker Metropolitan Opera der Posten des Chefdirigenten geschaffen. Auch bei den Proben mit den Berliner Philharmonikern kommt er ins Schwitzen. Das Frotteetuch ist immer dabei.

Guiseppe Sinopoli

Guiseppe Sinopoli, Doktor der Medizin, studierter Dirigent und Professor für zeitgenössische Musik in seiner Heimatstadt Venedig, ist der Ausgräber unter den Dirigenten. Er setzt gern weniger bekannte Stücke aufs Programm und studiert jedes Werk am liebsten in der Urschrift des Komponisten.

Lorin Maazel

Lorin Maazel, Amerikaner holländischer Abstammung, geboren 1930, dirigierte schon mit neun Jahren ein großes Orchester. 1965 wurde er Chefdirigent des Radio-Sinfonie-Orchesters und Generalmusikdirektor der Deutschen Oper Berlin, später Chefdirigent des London New Philharmonic Orchestra und des Cleveland-Orchestra, seit 1982 ist er Generalintendant der Staatsoper Wien.

Claudio Abbado

Claudio Abbado, 1933 in Mailand geboren, Pianist, Dirigent, 1968 an der Mailänder Scala, deren Musikdirektor er wurde, avancierte 1971, neben Karl Böhm, zum Hauptdirigenten der

Wiener Philharmoniker. 1974 außerdem erster Gastdirigent, 1978 Chefdirigent des London Symphony Orchestra, inzwischen auch künstlerischer Leiter der Scala, ein Meister aller Klassen.

Zubin Mehta

Der Inder Zubin Mehta wurde 1936 in Bombay geboren, wo er schon mit 16 Jahren das Sinfonie-Orchester dirigierte. Mehta, Chefdirigent in Los Angeles, Tel Aviv und bei den New

Yorker Philharmonikern, ist ein gefragter Star. Die Berliner Philharmoniker dirigierte er zum ersten Mal 1961.

Körpersprache als überzeugendes Argument, Hans Werner Henze bei Proben in der Berliner Philharmonie. Der Kraftakt, 120 Menschen auf das schwierige Feld der neuen Musik zu

führen, kostet ehrlichen
Komponistenschweiß.

Lorin Maazel dirigiert und Wolfram Christ spielt Bartóks Konzert für Viola. Nur der Dirigent hört den Klang des ganzen Orchesters. Die Musiker, die im Abstand von eineinhalb bis zwölf Metern von ihm entfernt sitzen, hören sich untereinander nur sehr unvollstän-

dig. Wenn die Posaunen ein Forte schmettern, hören die Fagottisten direkt vor ihnen eine Weile gar nichts mehr. Daß trotzdem das Zusammenspiel bis auf die 32stel Note genau funktioniert, sei für ihn immer noch ein Wunder, sagt Herbert von Karajan.

Herbert von Karajan. Unter allen lebenden Dirigenten hat niemand eine so unbändige, alles überwindende Kraft, seine Vorstellungen durchzusetzen. Mit Macht und mit einer unzerstörbaren, tiefen Sehnsucht nach vollkommener Musik.

Hundert Jahre Berliner Philharmonisches Orchester – einige Daten aus seiner Geschichte

1882
1. Mai. Gündung des Orchesters durch 54 junge Musiker, die sich wegen schlechter Bezahlung von dem Dirigenten Benjamin Bilse und seiner Kapelle trennen.
4. Dezember. Der Geiger Pablo des Sarasate (28) tritt auf.

1883
Festes Engagement bei der Berliner Hygiene-Ausstellung.
13. Januar. Der Geiger Joseph Joachim (51) spielt.
18. Februar. Clara Schumann (63) spielt das Klavierkonzert von Robert Schumann.

1884
29. Januar. Johannes Brahms (50) dirigiert seine dritte Symphonie und spielt sein Klavierkonzert in d-Moll.
4. März. Erstes Konzert unter Hans von Bülow (54).
21. November. Anton Dvořák (43) dirigiert eigene Werke.

1885
Kurkonzerte im niederländischen Scheveningen (bis 1911).

1886
Das Kurhaus in Scheveningen brennt ab, mit ihm alle Instrumente und Noten des Orchesters. Die holländische Bevölkerung sammelt für die Musiker.
22. Januar. Camille Saint-Saëns (49) spielt eigene Werke am Klavier.
21. Oktober. Hans von Bülow wird ständiger Dirigent.

1887
18. Februar. Max Bruch (49) dirigiert eigene Werke.

1888
23. Januar. Richard Strauss (23) dirigiert sein erstes Konzert mit dem Berliner Philharmonischen Orchester.
8. Februar. Peter Tschaikowsky (47) dirigiert eigene Werke.
5. Oktober. Fulminantes Eröffnungskonzert in der umgebauten Rollschuhbahn an der Bernburger Straße, der «Philharmonie».

1889
21. Januar. Edvard Grieg (45) dirigiert eigene Werke.
15. März. Bruno Walter (13) am Klavier (Abschlußkonzert des Sternschen Konservatoriums).

1891
11. Februar. Ferrucio Busoni (24) am Klavier.
23. Februar. Richard Strauss dirigiert «Tod und Verklärung» als Uraufführung.

1892
29. Februar. Richard Strauss dirigiert seinen «Macbeth» als Erstaufführung.

1893
10. April. Letztes Konzert Hans von Bülows.

1894
12. Februar. Hans von Bülow stirbt. Richard Strauss übernimmt die Leitung der «Philharmonischen Konzerte».

1895
4. März. Gustav Mahler (34) dirigiert drei Sätze aus seiner zweiten Symphonie.
14. Oktober. Erstes Konzert unter Arthur Nikisch (40), dem neuen Chefdirigenten.
13. Dezember. Gustav Mahler dirigiert seine 2. Symphonie als Uraufführung.

1896
10. Januar. Letzter Auftritt von Johannes Brahms. Konzertreisen nach Dänemark, Schweden, Norwegen und Rußland anläßlich der Krönung des Zaren Nikolaus II.
9. November. Arthur Nikisch dirigiert aus Gustav Mahlers unveröffentlichter 3. Symphonie.
30. November. «Also sprach Zarathustra», Erstaufführung unter Richard Strauss.

1897
Konzertreise durch Belgien, Frankreich und die Schweiz.

1898
24. Oktober. Anton Bruckner: 5. Symphonie. Erstaufführung unter Arthur Nikisch.

1899
Konzertreise durch Osteuropa.
4. März. Erster Auftritt des Geigers Fritz Kreisler (24).
6. März. Gastspiel des Geigers Eugene Ysaye.

1900
5. November. Peter Tschaikowsky: 4. Symphonie. Erstaufführung unter Arthur Nikisch.

1902
10. November. Richard Strauss: «Ein Heldenleben», Erstaufführung unter Arthur Nikisch.

1903
26. Oktober. Anton Bruckner: 9. Symphonie, Erstaufführung unter Arthur Nikisch.

1905
9. Januar. Erster Auftritt des Cellisten Pablo Casals (28).
2. Februar. Erster Auftritt des Pianisten Wilhelm Backhaus (24).
20. Februar. Gustav Mahler: 5. Symphonie. Erstaufführung unter Arthur Nikisch.
20. März. Oscar Fried (33) zum ersten Mal am Pult.
13. November. Max Reger: «Sinfonietta» Erstaufführung unter Arthur Nikisch.

1906
29. Oktober. Anton Bruckner: 8. Symphonie, Erstaufführung unter Arthur Nikisch.
30. Dezember. Engelbert Humperdinck (52) dirigiert eigene Werke.

1907
14. Januar. Gustav Mahler dirigiert seine 3. Symphonie als Erstaufführung.
18. Februar. Leo Blech (36) dirigiert zum ersten Mal die Philharmoniker.
Oscar Fried übernimmt einen Konzertzyklus.

1908
Konzertreise mit Richard Strauss. Die Stationen: Hannover, Düsseldorf, Paris, Bordeaux, Madrid, Oporto, Bilbao, Barcelona, Marseille, Lyon, Genf, Lausanne, Neu-Chatel, Bern, Basel, Freiburg, Karlsruhe, Saarbrükken, Wiesbaden. Zusammen und am Stück 30 Konzerte, fünf Reisetage, zwei Ruhetage.
23. Januar. Sergej Rachmaninoff (34) gastiert.

1909
21. Dezember. Werke von Max Reger (36).

1910
4. März. Adolf Busch (18) dirigiert.

1911
30. Januar. Max Reger: Klavierkonzert op. 114, Erstaufführung unter Arthur Nikisch, Solistin Frieda Kwast-Hodapp.
18. Dezember. Jean Sibelius: «Finlandia», Erstaufführung unter Arthur Nikisch.

1912
28. Oktober. Erster Auftritt des Geigers Jascha Heifetz (11).

1913
4. Februar. Gustav Mahler: 9. Symphonie, Erstaufführung unter Oscar Fried.
28. September. Camille Saint-Saëns dirigiert eigene Werke.
10. November. Max Reger: «Eine romantische Suite» op. 125, Erstaufführung unter Arthur Nikisch.
1. Dezember. Richard Strauss: Violinkonzert in d-Moll und «Festliches Präludium», Erstaufführung unter Arthur Nikisch.

1914
3. August. Deutsche Truppen marschieren in Frankreich ein. Der Erste Weltkrieg bricht aus. Die Berliner Philharmoniker haben noch Sommerpause.

1915
9. Februar. Gustav Mahler: «Das Lied der Erde». Erstaufführung unter Arthur Nikisch.

1916
19. Dezember. Georg Szell (19) dirigiert zum ersten Mal die Berliner Philharmoniker.

1917
14. Dezember. Erstes Konzert unter Wilhelm Furtwängler (31).

1918
30. Oktober. Waffenstillstand und Ende des Ersten Weltkriegs. Während der folgenden November-Unruhen und des Spartakus-Aufstandes normaler Konzertbetrieb.
16. Dezember. Erster Auftritt des Pianisten Wilhelm Kempff (23).

1919
10. April. Fritz Busch (29) dirigiert. Adolf Busch (27) spielt.

1920
28. Februar. Béla Bartók (39) spielt eigene Werke am Klavier.
20. Dezember. Maurice Ravel: «Daphnis und Chloe», Erstaufführung unter Oskar Fried.

1921
Konzertreise mit Bruno Walter nach Malmö.
1. April. Erster Auftritt des Pianisten Rudolf Serkin (18).
16. April. Arnold Schönberg: «Verklärte Nacht», «Pelleas und Melisande». Otto Klemperer (35) dirigiert zum ersten Mal das Orchester.
2. Mai. Erstes Konzert unter Carl Schuricht (40).

1922
Bruno Walter übernimmt einen Konzertzyklus beim Berliner Philharmonischen Orchester.
23. Januar. Arthur Nikisch stirbt.
27. Januar. Hans Pfitzner: «Von deutscher Seele», Uraufführung unter Selmar Meyrowitz.
22. März. Alexander Glasunow (56) dirigiert eigene Werke.
9. Oktober. Wilhelm Furtwänglers erstes Konzert als neuer Chef der Berliner Philharmoniker.
20. November. Ernest Ansermet (40) dirigiert.
9. Dezember. Carl Nielsen (57) dirigiert eigene Werke.

1923
Juni. Österreichische Musikwoche. Alban Berg, Arnold Schönberg, Anton von Webern und Alexander vom Zemlinsky dirigieren eigene Werke.

1924
7. Januar. Igor Strawinski: «Le Sacre du Printemps». Erstaufführung unter Wilhelm Furtwängler.
1. Februar. Erstes Konzert unter Erich Kleiber (33).
Otto Klemperer übernimmt einen Konzertzyklus.
8. Dezember. Igor Strawinski spielt sein Klavierkonzert, Erstaufführung unter Wilhelm Furtwängler.
29. Dezember. Uraufführung der 10. Symphonie von Gustav Mahler. Otto Klemperer dirigiert.

1925
26. Januar. Igor Strawinski, «Pulcinella Suite», Erstaufführung unter Otto Klemperer.

1926
18. Januar. Béla Bartók spielt seine «Rhapsodie für Klavier und Orchester» unter Bruno Walter.
24. September. Ottorino Resphighi dirigiert eigene Werke.
8. November. Leos Janacek «Morgenklangspiel». Erstaufführung unter Wilhelm Furtwängler.
13. Dezember. Sergei Prokofieff: «Symphonie classique» op. 25, Erstaufführung unter Bruno Walter.

1927
12. März. Hans Knappertsbusch (39) zum ersten Mal am Pult.
28. November. Igor Strawinski: «Petruschka», Erstaufführung unter Wilhelm Furtwängler.

1928
6. Februar. Dimitrij Schostakowitsch: 1. Symphonie. Erstaufführung unter Bruno Walter.
16. Februar. Kurt Weill: Violinkonzert. Erstaufführung unter Heinz Unger, Solist Stefan Frenkel.
Konzertreise des Orchesters durch Deutschland, Dänemark, Frankreich, Schweiz und England mit Wilhelm Furtwängler.
3. Dezember. Arnold Schönberg: Variationen für Orchester op. 31, Uraufführung unter Wilhelm Furtwängler.

1929
28. Januar. Leos Janacek: «Taras Bulba», Erstaufführung unter Bruno Walter.
31. Januar. Alban Berg: Drei Stücke für Streichorchester, Erstaufführung unter Jascha Hornstein.
25. Februar. Paul Hindemith: Konzert für Orgel und Orchester, Erstaufführung unter Wilhelm Furtwängler. Solist Fritz Heitmann.
12. April. Erster Auftritt des Geigers Yehudi Menuhin (12) unter Bruno Walter.
Konzertreise durch Deutschland, Frankreich, Schweiz und England mit Wilhelm Furtwängler.
25. November. Emil Nikolaus von Reznicek: «Tanzsymphonie», Erstaufführung unter Wilhelm Furtwängler.

1930
29. Januar. Erstes Konzert unter Sir Thomas Beecham (50).
27. Februar. Erstes Konzert unter Dimitri Mitropoulos (33).
5. März. Maurice Ravel: «Bolero» und Philipp Jarnach: «Vorspiel für großes Orchester», Erstaufführungen unter Rudolf Siegel.
31. März. Paul Hindemith spielt sein «Konzert für Solobratsche und größeres Kammerorchester».
24. November. Hans Pfitzner: «Das dunkle Reich», Erstaufführung unter Wilhelm Furtwängler.
8. Dezember. Sergej Rachmaninoff spielt sein 4. Klavierkonzert, Erstaufführung unter Bruno Walter.

1931
15. Januar. Igor Strawinski (48) dirigiert

eigene Kompositionen.
26. Januar. Zoltán Kodály: «Sommerband», Uraufführung unter Wilhelm Furtwängler.
26. Oktober. Erster Auftritt des Geigers Nathan Milstein (27).
21. November. Paul Hindemith: «Das Unaufhörliche», Uraufführung unter Otto Klemperer.

1932
21 März. Maurice Ravel dirigiert sein Klavierkonzert in G-Dur. Solistin Marguerite Long.
15. April. Paul Hindemith: «Philharmonisches Konzert», Uraufführung, zum 50jährigen Bestehen des Berliner Philharmonischen Orchesters unter Wilhelm Furtwängler.
Konzertreise nach England, Holland,Frankreich, Schweiz, Italien und Deutschland mit Wilhelm Furtwängler.
Eugen Jochum (30) übernimmt einen Konzertzyklus.
Erich Kleiber (43) übernimmt einen Konzertzyklus.
31. Oktober. Sergei Prokofieff (40) spielt sein 5. Klavierkonzert, Uraufführung unter Wilhelm Furtwängler.

1933
20. März. Bruno Walter darf wegen seiner jüdischen Abstammung nicht mehr auftreten. Richard Strauss springt für ihn ein.
30. März. Hans Pfitzner dirigiert seine Symphonie in cis-Moll als Erstaufführung.

1934
12. März. Paul Hindemith: «Mathis der Maler», Uraufführung der Symphonie unter Wilhelm Furtwängler.
Sommerpause. Der jüdische Konzertmeister Simon Goldberg und die Solo-Cellisten Joseph Schuster und Nicolai Graudan verlassen das Orchester.
Wegen der rassistischen Politik der Nationalsozialisten müssen unter anderen Oscar Fried, Otto Klemperer, Bruno Walter, Leo Blech und Erich Kleiber Deutschland verlassen.
25. November. Wilhelm Furtwängler veröffentlicht in der «Deutschen Allgemeinen Zeitung» seinen Artikel «Der Fall Hindemith», der den von den Nazis verfemten Komponisten verteidigt. Daraufhin verbietet Adolf Hitler die Aufführung von Hindemiths Oper «Mathis der Maler».
5. Dezember. Wilhelm Furtwängler tritt von allen seinen Ämtern zurück.

1935
11. März. Felix Mendelssohn-Bartholdy: Violinkonzert. Max Fiedler dirigiert, Georg Kulenkampff spielt das Werk des von den Nazis abgelehnten «jüdischen» Komponisten. «Nichtariern» wird der Zutritt zum Konzertsaal ausdrücklich untersagt.
März. Furtwängler nimmt seine Arbeit wieder auf.
3. Mai. Beethoven-Abend. Adolf Hitler und Hermann Göring gratulieren Furtwängler.
15. August. Werner Egk dirigiert eigene Werke.
Leo Borchard (35) übernimmt eine Konzertreihe.
Victor de Sabata (43) zum ersten Mal am Pult.

1936
Olympische Spiele in Berlin. Die «Olympische Hymne» von Richard Strauss und die «Olympische Festmusik» von Werner Egk werden aufgeführt.

1937
Konzertreise nach Estland, Lettland, Finnland und Schweden mit Eugen Jochum.
1. November. Wilhelm Furtwängler dirigiert sein Symphonisches Konzert für Klavier

und Orchester. Solist Edwin Fischer.
26. November. Robert Schumann: Violinkonzert in d-Moll. Uraufführung unter Karl Böhm. Solist Georg Kulenkampff.

1938
4. Januar. Igor Strawinski: «Jeu des cartes», Erstaufführung unter Eugen Jochum.
30. Januar. Béla Bartók: «Musik für Saiteninstrumente, Schlagzeug und Celesta», Erstaufführung unter Wilhelm Furtwängler.
8. April. Erster Auftritt Herbert von Karajans (30) bei den Berliner Philharmonikern.

1939
1. September. Deutscher Überfall auf Polen, der Zweite Weltkrieg bricht aus.
20. November. Hans Pfitzner: «Kleine Symphonie in G-Dur», Uraufführung unter Wilhelm Furtwängler.

1940
Konzertreise in besetzte und neutrale Länder; nach Holland mit Wilhelm Furtwängler, nach Österreich, Ungarn, Jugoslawien, Bulgarien, Rumänien mit Karl Böhm und nach Schweden mit Eugen Jochum.
1. Januar. Joseph Keilberth (31) dirigiert.
28. Oktober. Boris Blacher: «Hamlet» und Harald Grenzmer: «Konzert für Trautonium und Orchester», Uraufführung unter Carl Schuricht.

1941
Konzertreisen nach Italien mit Wilhelm Furtwängler, nach Spanien und Portugal mit Karl Böhm, nach Polen, in die Tschechoslowakei, nach Jugoslawien, Holland und Belgien mit Hans Knappertsbusch.
20. Oktober. Karl Höller: «1. Cellokonzert», Uraufführung unter Wilhelm Furtwängler. Solist Ludwig Hoelscher.

1942
Konzertreisen nach Dänemark, Schweden und in die Schweiz mit Wilhelm Furtwängler, nach Frankreich, Spanien und Portugal mit Clemens Krauss, nach Holland und Belgien mit Hans Knappertsbusch.

1943
Konzertreise durchs besetzte Europa nach Frankreich, Spanien und Portugal mit Hans Knappertsbusch und ins besetzte Osteuropa mit Hermann Abendroth.
11. Januar. Der Pianist Geza Anda (20) tritt zum ersten Mal in der Philharmonie auf.

1944
Konzertreise nach Spanien, Portugal und Frankreich mit Hans Knappertsbusch.
29. Januar. Die Philharmonie wird durch einen schweren Bombenangriff zerstört. Die Konzerte werden daraufhin in den Beethovensaal verlegt.

1945
16. April. Letztes Konzert vor Kriegsende.
8. Mai Kapitulation.
26. Mai. Erstes Konzert nach Kriegsende, im «Titania-Palast», einem Kino, unter Leo Borchard.
23. August. Leo Borchard wird von einem amerikanischen Besatzungssoldaten erschossen.
29. August. Erstes Konzert unter Sergiu Celibidache (33).

1946
Konzertreisen nach Leipzig, Celle, Bückeburg und Braunschweig mit Sergiu Celibidache.
15. September. Paul Hindemith, «Sinfonie in Es», Erstaufführung unter Artur Rother.
21. Dezember. Dimitri Schostakowitsch: 7. Symphonie, Erstaufführung unter Sergiu Celebidache.

1947
Erstes Konzert Wilhelm Furtwänglers nach dem Krieg.
23. November. Georg Solti (34) dirigiert.

1948
24. Januar. Beginn der Blockade Berlins.
23. Februar. Wilhelm Furtwängler dirigiert seine 2. Symphonie.
3. Mai. Otto Klemperer, aus der Emigration zurückgekehrt, dirigiert zum ersten Mal seit Kriegsende in Berlin.
Konzertreise nach London mit Wilhelm Furtwängler und Sergiu Celibidache.
29. Juni. Yehudi Menuhin spielt wieder in Berlin.

1949
17. Februar. Paul Hindemith dirigiert eigene Werke.
Konzertreise zu den Festspielen in Edinburgh. Dirigenten sind John Barbirolli und Eugène Goossens.
5. September. Paul Hindemith: Klavierkonzert, Erstaufführung unter Sergiu Celibidache.

1950
Konzertreise in die Schweiz und nach Frankreich mit Wilhelm Furtwängler.
24. und 25. September. Bruno Walter kommt zurück und dirigiert zum letzten Mal in Berlin.

1951
Konzertreise nach Ägypten, Italien und Frankreich mit Wilhelm Furtwängler.
14. Oktober. Zoltán Kodály: Konzert für Orchester, Erstaufführung unter Carl Schuricht.

1952
18. Februar: Olivier Messiaens: «Trois petites liturgies de la présence divine». Erstaufführung unter Günter Wand.
8. Dezember. Paul Hindemith: «Die Harmonie der Welt», Erstaufführung unter Wilhelm Furtwängler.

1953
12. Januar. Arthur Honeggers «Concerto da camera». Erstaufführung unter Eugen Jochum.
23. Februar. Paul Hindemith: «Sinfonietta in E», Erstaufführung unter Joseph Keilberth.
Konzertreise durch die Bundesrepublik, Belgien, England und Frankreich mit Wilhelm Furtwängler.
15. Juni. Werner Thärichen: Flötenkonzert, Uraufführung unter Sergiu Celibidache. Solist Aurèle Nicolet.
25. September. Arnold Schönberg: «Tanz um das goldene Kalb», Erstaufführung unter Hans Rosbaud.

1954
27. Januar. Paul Hindemith dirigiert seine «Kantate an die Hoffnung».
Konzertreise in die Bundesrepublik, nach Frankreich und in die Schweiz mit Wilhelm Furtwängler.
30. November. Wilhelm Furtwängler stirbt in Baden-Baden.

1955
Konzertreise in die USA und nach Kanada mit Herbert von Karajan.
5. April. Herbert von Karajan wird künstlerischer Leiter und ständiger Dirigent des Orchesters auf Lebenszeit.

1956
Konzertreise durch Deutschland, Belgien, Frankreich und zu den Wiener Festwochen mit Herbert von Karajan.
Zweite große USA-Tournee.
29. Januar. Der Pianist Friedrich Gulda (25) gastiert zum ersten Mal.
18. Februar. Erster Auftritt von Igor Oistrach (26).

1957
Konzertreise mit Herbert von Karajan, die

nach Japan führt.
24. Mai. Der Pianist Glenn Gould (25) zum ersten Mal in Berlin.

1958
Olivier Messiaens «Turangalila-Symphonie», Erstaufführung unter Hans Rosbaud. Zwei Konzertreisen durch die Bundesrepublik und nach Paris, sowie Konzerte in München und Luzern unter Herbert von Karajan, Otto Klemperer und Fritz Reiner. Zweite Konzertreise durch Frankreich, England, Italien und die Schweiz mit Herbert von Karajan.
31. Dezember. Igor Strawinski: «Canticum Sacrum» Erstaufführung unter Herbert von Karajan.

1959
Konzertreise durch deutsche Städte mit Herbert von Karajan.
8. Januar. Lorin Maazel (28) zum ersten Mal als Dirigent bei den Berliner Philharmonikern.
2. März. Dimitri Schostakowitsch: 10. Symphonie, Erstaufführung unter Herbert von Karajan.
11. Mai. Benjamin Britten: «Violinkonzert», Sergei Prokofieff: 7. Symphonie, Erstaufführung unter Otto Matzerath, Solist Bronislav Gimpel.

1960
Konzertreise nach Paris und durch deutsche Städte. Salzburger Festspiele mit Ernest Ansermet, Pierre Boulez, Herbert von Karajan, Joseph Keilberth und Dimitri Mitropoulos. Beginn der Konzertreihe «Musik des 20. Jahrhunderts».
26. September. Boris Blacher: «Requiem», Erstaufführung unter Karl Forster mit dem Chor der St. Hedwigs-Kathedrale.

1961
Konzertreisen nach London und durch deutsche Städte. Turin, Straßburg, Edinburgh sowie nach Kanada und USA mit Herbert von Karajan.
7. Mai. Hans Werner Henze (34) dirigiert.
18. September. Zubin Mehta (25) dirigiert zum ersten Mal die Berliner Philharmoniker.
29. Dezember. Erstes Konzert des Pianisten Alfred Brendel (31).

1962
21. Januar. Hans Werner Henze: «Antifone», Uraufführung unter Herbert von Karajan.
12. Februar. Bruno Walter stirbt.
Konzertreise nach Coventry zur Neueinweihung der von deutschen Bomben zerstörten Kathedrale. Dirigenten sind Eugen Jochum und Sir John Barbirolli. Auftritte bei den Wiener Festwochen und Festspielen in Athen und Salzburg unter Herbert von Karajan.
14. Juni. Zubin Mehta (26) dirigiert.
19. November. Benjamin Britten «War Requiem», Erstaufführung unter Colin Davis (35).

1963
Konzertreise nach Paris, Genf, Zürich, Basel, Mannheim sowie Scheveningen und Amsterdam mit Herbert von Karajan. Gastspiel bei den Festwochen in Luzern.
15. Oktober. Einweihung der neuen Philharmonie, erbaut von Hans Scharoun.

1964
Konzertreise nach Coventry, London, Brüssel und Paris mit Eugen Jochum, sowie durch Städte der Bundesrepublik mit Herbert von Karajan. Gastspiel bei den Salzburger Festspielen mit Herbert von Karajan, Zubin Mehta, Wolfgang Sawallisch, Carl Schuricht und Georg Szell.
12. Juni. Erster Auftritt

des Pianisten Daniel Barenboim (21).
22. September. Igor Strawinski dirigiert eigene Werke.
3. Oktober. Erster Auftritt des Cellisten Mstislaw Rostropowitsch (37).

1965
USA-Tournee mit Herbert von Karajan und Eugen Jochum. Konzertreisen nach Skandinavien, Italien, später nach Luzern, Venedig, Athen und Epidaurus mit Herbert von Karajan. Außerdem Konzertreise zur Einweihung der Festspielhalle in Recklinghausen mit Eugen Jochum.
3. Juli. Werner Thärichen: «Orchesterversammlung», Uraufführung unter der Leitung des Komponisten, der zugleich Pauker der Berliner Philharmoniker ist.
4. Oktober. Igor Strawinski: «Variationen», Erstaufführung unter Pierre Boulez, der auch seine Komposition «Le Soleil des Eaux» und Luciano Berios «Allelujah II» dirigiert.

1966
Japantournee, Prager Festwochen, Konzertreise nach Holland und Frankreich sowie zu den Salzburger Festspielen mit Herbert von Karajan.
18. Februar. Werner Egk dirigiert seine Orchester-Sonate sowie Werke von Alban Berg und Karl Amadeus Hartmann.
3. März. Georg Szell dirigiert in Berlin.
12. Mai. Letztes Konzert mit Otto Klemperer (†7. 7. 1973).
21. September. Seji Ozawa (31) zum ersten Mal am Pult.
20. Dezember. Claudio Abbado (33) zum ersten Mal am Pult.

1967
Herbert von Karajan gründet die Salzburger Osterfestspiele mit einer Einstudierung der «Walküre» aus «dem Ring des Nibelungen» von Richard Wagner. Danach wieder Konzertreisen durch die Bundesrepublik und nach Paris. London und Edinburgh mit Herbert von Karajan.
10. Oktober. Erstes Konzert unter Carlo Maria Giulini (53).

1968
Reisen nach Frankreich, Spanien und Portugal mit Herbert von Karajan sowie zu den Festspielen nach Luzern mit Sir John Barbirolli und Herbert von Karajan.
8. März. Letztes Konzert mit Joseph Keilberth am Pult († 20. 7. 1968).
20. März. Die Pianistin Martha Argerich (26) gibt zum ersten Mal ein Gastspiel bei den Berlinern.

1969
Konzertreise durch deutsche Städte und nach Luxemburg sowie nach Prag, Moskau und Leningrad. Weitere Gastspielreise nach London, Paris und durch die Niederlande mit Herbert von Karajan. Festspiele in Salzburg und Luzern. Operneinstudierung in Salzburg: «Siegfried» aus Richard Wagners «Ring des Nibelungen» unter Herbert von Karajan.
15. Juni Daniel Barenboim (26) dirigiert zum ersten Mal das Orchester.

1970
Konzertreisen durch sieben Städte der Bundesrepublik sowie nach Osaka und Tokio. Wiener Festwochen, Salzburger Festspiele, Luzern und Venedig sowie Bonn, Stuttgart und Nürnberg mit Herbert von Karajan. Operneinstudierung in Salzburg: «Götterdämmerung» aus Richard Wagners «Ring des Nibelungen» unter

Herbert von Karajan.
27. April. Gennady Roshdestvensky dirigiert.
30. September. Aaron Copland dirigiert eigene Werke.
17. November. David Oistrach (61) als Solist und Dirigent.

1971
Zwei Konzertreisen durch die Bundesrepublik und nach Genf, Wien, Triest und Venedig mit Herbert von Karajan.
Operneinstudierung in Salzburg: Ludwig van Beethoven «Fidelio» unter Herbert von Karajan.
9. Juni. Werner Egk dirigiert eigene Werke.

1972
Konzertreisen durch deutsche Städte, durch Spanien, England, Belgien und Frankreich sowie durch die Niederlande mit Herbert von Karajan und nach Coventry mit Daniel Barenboim. Gastspiele in Salzburg, München, Luzern und Edinburgh sowie in Belgrad mit Herbert von Karajan.
Operneinstudierung in Salzburg: Richard Wagner «Tristan und Isolde».
25. Mai. Erster Auftritt des Geigers Itzhak Perlman (27) unter Daniel Barenboim.
15. Juni. Riccardo Muti (31) dirigiert zum ersten Mal das Orchester.

1973
Konzertreisen nach London, Salzburg, Tokio, Osaka, Paris, Wien und durch westdeutsche Städte mit Herbert von Karajan.
4. Oktober. Isang Yun: Ouvertüre für großes Orchester, Erstaufführung unter Hans Zender.
28. November. Boris Blacher: «Blues Espagnola und Rumba philharmonica für zwölf Celli», Erstaufführung unter Lovro von Matacic.

1974
Konzertreisen nach Wien, Salzburg, Luzern, London, Paris und durch deutsche Städte sowie in die USA mit Herbert von Karajan.
Operneinstudierung in Salzburg: Richard Wagner «Die Meistersinger von Nürnberg» unter Herbert von Karajan.

1975
Konzertreisen nach Salzburg, Luzern, Teheran und durch deutsche Städte mit Herbert von Karajan.
18. und 19. September. Seiji Ozawa dirigiert Gustav Mahlers 8. Symphonie (die «Symphonie der Tausend») mit fünf Chören in der Philharmonie.

1976
Konzertreisen nach Salzburg, Luzern, London, Prag und in deutsche Städte sowie in die USA mit Herbert von Karajan.
Operneinstudierung in Salzburg. Richard Wagner: «Lohengrin» unter Herbert von Karajan.

1977
Konzertreisen nach Salzburg, Luzern, Brüssel, Tokio, Osaka und Aachen.
Operneinstudierung in Salzburg. Giuseppe Verdi «Der Troubadour» unter Herbert von Karajan.
25. April. Erster Auftritt von Klaus Tennstedt (50).
29. Mai. Debüt der Geigerin Anne-Sophie Mutter (14) in Berlin.
3. Juni. Krysztof Penderecki (43) dirigiert eigene Werke.

1978
Konzertreisen nach Salzburg, Luzern in die DDR, Schweiz sowie nach Paris und Stuttgart mit Herbert von Karajan.
Operneinstudierung in Salzburg. Ludwig van Beethoven: «Fidelio».
9. Mai. James Levine (34) zum ersten Mal als Gastdirigent.

1979
Konzertreisen nach Salzburg, Luzern, Linz, London, Paris, Düsseldorf sowie nach Japan und zum ersten Mal in die Volksrepublik China mit Herbert von Karajan.
Operneinstudierung in Salzburg: Giuseppe Verdi «Don Carlos» unter Herbert von Karajan.
14. Februar. Giuseppe Sinopoli zum ersten Mal am Pult.
13. September. Erstes Gastspiel von Maurizio Pollini als Dirigent.
4. Oktober. Leonard Bernstein (61) dirigiert zum ersten Mal die Berliner Philharmoniker.

1980
Konzertreisen nach Salzburg, Luzern, London, Oxford, Paris, sowie durch schweizerische und deutsche Städte mit Herbert von Karajan.
Operneinstudierung in Salzburg: Richard Wagner «Parsifal» unter Herbert von Karajan.

1981
Konzertreisen nach Salzburg, Luzern, Tokio sowie nach Leipzig.
3. Oktober. Zum Gedenken an den verstorbenen Karl Böhm spielt das Orchester dessen geplantes Programm ohne Dirigenten.

1982
Konzertreisen nach Salzburg, Luzern, New York und Pasadena.
30. April und 1. Mai. Festkonzerte zum 100jährigen Bestehen des Berliner Philharmonischen Orchesters unter Herbert von Karajan.
8. und 9. Mai. «Philharmonische Revue» unter der Leitung von Seiji Ozawa.

1983
Uraufführungen von Siegfried Matthus' Konzert für Trompete, Pauken und Orchester, Pendereckis Cellokonzert und Hans Werner Henzes fünf Kammerkonzerten: «Die englische Katze».
1. September Madeleine Carruzzo (Violine) wird als erste Frau Mitglied des Orchesters.

1984
Konflikt um die Klarinettistin Sabine Meyer, die auf eine Mitgliedschaft im Orchester verzichtet. Herbert von Karajan sagt die Pfingstkonzerte, das Orchester die Festspielkonzerte in Salzburg und Luzern ab. Der Intendant Peter Girth wird beurlaubt.
3. Oktober. Die Orchesterversammlung entschließt sich zu einer weiteren Zusammenarbeit mit Herbert von Karajan «auf der Grundlage der Selbstverwaltungsrechte».
Mehrwöchige Konzertreise nach Japan und Korea.

1985
27. Juni. Letzter Auftritt von Emil Gilels. Konzertante Aufführung von Bizets «Carmen».

1986
25. Januar. Herbert von Karajan dirigiert das Gedenkkonzert zum 100. Geburtstag Wilhelm Furtwänglers.
Hans Georg Schäfer wird Intendant des Berliner Philharmonischen Orchesters.
Achte USA- und neunte Japanreise des Orchesters. James Levine und Seiji Ozawa springen für den erkrankten Karajan ein.

1987
28. Oktober. Festliche Einweihung des Kammermusiksaals zum 750. Geburtstag der Stadt Berlin. Herbert von Karajan dirigiert Vivaldis «Vier Jahreszeiten» mit Anne-Sophie Mutter als Solistin.
November: Tournee durch deutsche Großstädte.

Die Mitglieder des Orchesters

I. Violinen
Leon Spierer
1. Konzertmeister
Daniel Strabrawa
1. Konzertmeister
Toru Yasunaga
1. Konzertmeister
Rainer Sonne
Konzertmeister
Hellmut Stern
Peter Brem
Armin Brunner
Alessandro Cappone
Madeleine Carruzzo
Laurentiu Dinca
Peter Dohms
Bernd Gellermann
Klaus Heine
Peter Herrmann
Wolfgang Herzfeld
Rüdiger Liebermann
Helmut Mebert
Ferdinand Mezger
Horst Rosenberger
Bastian Schäfer
N.N.
N.N.

II. Violinen
Christian Stadelmann
Stimmführer
H.-Joachim Westphal
Stimmführer
Holm Birkholz
Heinz Böttger
Susanne Calgeer
Santiago Cervera
Axel Gerhardt
Amadeus Heutling
Emil Maas
Rainer Mehne
Hermann Menninghaus
Heinz Ortleb
Heinz-Henning Perschel
Willi Rosenthal
Walter Scholefield
Stephan Schulze
Gustav Zimmermann

Bratschen
Wolfram Christ
1. Solo-Bratscher
Neithard Resa
1. Solo-Bratscher
Wilfrid Strehle
Solo-Bratscher
Dietrich Gerhardt
Hans Priem
Brett Dean
Martin Fischer
Ulrich Fritze
Hans-Burkart Henschke
Zdzislaw Polonek
Gertrud Rossbacher
Lutz Steiner
Wolfgang Talirz
Kunio Tsuchiya
Siegbert Ueberschaer

Violoncelli
Ottomar Borwitzky
1. Solo-Cellist
Georg Faust
1. Solo-Cellist
Jörg Baumann
Solo-Cellist
Götz Teutsch
Solo-Cellist
Peter Steiner
Heinrich Majowski
Jan Diesselhorst
Richard Duven
Klaus Häussler
Christoph Kapler
Alexander Wedow
Rudolf Weinsheimer

Kontrabässe
Friedrich Witt
Solo-Bassist
Prof. Rainer Zepperitz
Solo-Bassist
Klaus Stoll
Manfred Dupak
Wolfgang Kohly
Esko Laine
Rolf Ranke
Peter Riegelbauer
Rudolf Watzel
Ulrich Wolff

Flöten
Andreas Blau, Solo

Prof. Karlheinz Zoeller
Solo
Hans Wolfgang
Dünschede
Piccoloflöte
Michael Hasel
N.N.

Oboen
Lothar Koch
Solo
Hansjörg Schellenberger
Solo
Burkhard Rohde
Gerhard Stempnik
Engl. Horn
Andreas Wittmann

Klarinetten
Alois Brandhofer
Solo
Karl Leister
Solo
Peter Geisler
Walter Seyfarth
Manfred Preis
Baßklarinette

Fagotte
Daniele Damiano
Solo
Stefan Schweigert
Solo
Prof. Manfred Braun
Karl-Friedrich Jungk
Kontra-Fagott
Henning Trog

Hörner
Norbert Hauptmann
Solo
Gerd Seifert
Solo
Stefan Jezierski
Manfred Klier
Günter Köpp
Fergus McWilliam
Klaus Wallendorf
N.N.

Trompeten
Konradin Groth
Solo
Martin Kretzer
Solo
Georg Hilser
Robert Platt
Thomas Clamor

Posaunen
Christhard Gössling
Solo
Thomas Horch
Solo
Siegfried Cieslik
Karl-Heinz
Duse-Utesch
Heinz-Dieter Schwarz

Tuba
Paul Hümpel

Pauken
Rainer Seegers
Prof. Oswald Vogler

Schlagzeug
Hans-Dieter Lembens
Fredi Müller
Prof. Gernot Schulz

Harfe
Sebastian Lipman

Orchestervorstand
Klaus Häussler
Alexander Wedow

Fünferrat
Armin Brunner
Dietrich Gerhardt
Konradin Groth
Heinz Ortleb
Peter Riegelbauer

Orchesterwarte
Wolfgang Ringer
Hans Czeslick
Kai Schmidt-Hagen

Dieter Blum
geboren am 6. 1. 1936 in Esslingen am Neckar, arbeitet seit 1964 als Fotodesigner. Blum unternahm viele Auslandsreisen, fotografierte für «Stern», «Zeitmagazin» und andere Zeitschriften sowie für große Industrieunternehmen, die bei ihm Dokumentationen, Kalender und Bücher in Auftrag gaben. Blum erhielt zahlreiche Preise und Auszeichnungen, darunter 1982 den ersten Preis im «World Press Photo» für seine Reportage über die Berliner Philharmoniker im «Stern». Buchveröffentlichungen (in Auswahl): «Afrika – Faszination eines Kontinents» (1976), mit einem Vorwort von Leopold Senghor und einem Text von Gisela Bonn. «UdSSR – Entdeckungsreise in ein reiches Land» (1980), «Nippon – der neue Superstaat Japan», mit Erich Follath (1984), «Auslöser» (1987).

Emanuel Eckardt
geboren am 17. 8. 1942 in Hamburg, studierte Malerei, Illustration und Buchgrafik, arbeitete als freischaffender Plakatmaler und Karikaturist, zeichnete und schrieb für verschiedene Tageszeitungen und veröffentlichte Reportagen in «Geo» und in der «Zeit». Seit 1971 war er Reporter beim «Stern». Stellvertretender Chefredakteur von «Geo» seit 1988. Sein Bericht über die Berliner Philharmoniker «Spiel ohne Grenzen» wurde 1981 mit dem «Egon-Erwin-Kisch-Preis» als beste Reportage in deutscher Sprache ausgezeichnet. Buchveröffentlichungen (in Auswahl): «Ostfriesland» (1978, mit dem Fotografen Andrej Reiser), «Kein schöner Land – Ein deutscher Umweltatlas» (1979, gemeinsam mit Sebastian Knauer), «Der Mops von Bornholm» (1985, Cartoons).